乡村生产生活热点解答 系列

农业创业

你问我答

NONGYE CHUANGYE
NIWEN WODA

曹 暕 主编

中国科学技术出版社
·北 京·

图书在版编目（CIP）数据

农业创业你问我答 / 曹暕主编 . —北京：
中国科学技术出版社，2018.4
ISBN 978-7-5046-7949-9

Ⅰ. ①农… Ⅱ. ①曹… Ⅲ. ①农民—创业—中国—问题解答
Ⅳ. ① F323.6-44

中国版本图书馆 CIP 数据核字（2018）第 033082 号

策划编辑	张　金	
责任编辑	乌日娜	
装帧设计	中文天地	
责任校对	焦　宁	
责任印制	徐　飞	

出　　版	中国科学技术出版社	
发　　行	中国科学技术出版社发行部	
地　　址	北京市海淀区中关村南大街16号	
邮　　编	100081	
发行电话	010-62173865	
传　　真	010-62173081	
网　　址	http://www.cspbooks.com.cn	

开　　本	889mm×1194mm　1/32
字　　数	82千字
印　　张	3.5
版　　次	2018年4月第1版
印　　次	2018年4月第1次印刷
印　　刷	北京长宁印刷有限公司
书　　号	ISBN 978-7-5046-7949-9 / F·861
定　　价	15.00元

（凡购买本社图书，如有缺页、倒页、脱页者，本社发行部负责调换）

本书编委会

主 编

曹暕

副主编

赵 娜　钱 杰　程松林

编著者

曹暕　赵 娜　钱 杰
程松林　李 悦　常 森

目录 | Contents

五、农业创业计划书　59

国家有关农业创业的政策

Q1 2017 年国家重点强农惠农政策有哪些？

创业者在农业创业前只有了解我国目前有哪些农业相关的政策，把握好政策走向，才能更好地选择农业创业项目。

农业部、财政部在落实中央农村工作会议、中央 1 号文件精神，紧紧围绕农业供给侧结构性改革的基础上，2017 年中央财政继续加大支农投入，强化项目统筹整合。主要的强农惠农政策有 8 类、31 项，与农业创业相关的政策如下。

（1）农民直接补贴

①耕地地力保护补贴　补贴对象原则上为拥有耕地承包权的种地农民。以绿色生态为导向，提高农作物秸秆综合利用水平，引导农民综合采取秸秆还田、深松整地、减少化肥农药用量、使用有机肥等措施，切实加强农业生态资源保护，自觉提升耕地地力。

②农机购置补贴　补贴对象为按规定程序购买农业机械、直接从事农业生产的个人和农业生产经营组织。实行自主购机、定额补贴、县级结算、直补到卡（户）的补贴方式。各省对粮食烘干仓储、深松整地、免耕播种、高效植保、节水灌溉、高效施肥机具和秸秆还田离田、残膜回收、畜禽粪污资源化处理与病死畜禽无害化处理等支持绿色发展的机具要实行敞开补贴。

③玉米生产者补贴　在辽宁、吉林、黑龙江省和内蒙古自治区实施。补贴资金采取"一折（卡）通"等形式兑付给玉米生产者。鼓励各省（自治区）将补贴资金向优势产区集中。

（2）支持新型农业经营主体发展

①新型职业农民培育　将专业大户、家庭农场、农民合作社、

农业企业、返乡涉农创业者等新型农业经营主体带头人作为重点培育对象，开展针对性培训，提升生产技能和经营管理水平。

②农民合作社和家庭农场能力建设　以制度健全、管理规范、带动力强的国家农民合作社示范社、农民合作社联合社和示范家庭农场为扶持对象，支持发展绿色农业、生态农业，提高农产品加工、标准化生产、市场营销等能力。

③农业信贷担保体系建设　建立健全全国农业信贷担保体系，推进省级信贷担保机构向市县延伸，支持有条件的市县尽快建立担保机构，实现实质性运营。重点服务种养大户、家庭农场、农民合作社等新型经营主体，以及农业社会化服务组织和农业小微企业，聚焦粮食生产、畜牧水产养殖、优势特色产业、农村新业态、农村一二三产业融合，以及高标准农田建设、农机装备设施、绿色生产和农业标准化等关键环节，提供方便快捷、费用低廉的信贷担保服务。

（3）支持农业结构调整

①粮改饲试点　在"镰刀弯"地区和黄淮海玉米主产区实施。选择玉米种植面积大、牛羊饲养基础好、种植结构调整意愿强的县整体推进，采取以养带种方式推动种植结构调整。补助对象为规模化草食家畜养殖场（户）或专业青贮饲料收贮企业（合作社）。

②高产优质苜蓿示范基地建设　在苜蓿优势产区和奶牛主产区实施，支持饲草生产合作社、饲草生产加工企业、奶牛养殖企业（场）和奶农合作社集中连片种植高产优质苜蓿。

（4）支持农村产业融合发展

①农村一二三产业融合发展　以延伸农业产业链、完善利益联结机制为切入点，选择部分重点县，支持带动与农民分享二三

产业增值收益的新型农业经营主体开展农产品产地初加工、产品流通和直供直销、农村电子商务、休闲农业、乡村旅游、农业文化遗产发掘保护、产业扶贫等工作。

②推进信息进村入户试点 选择若干试点省份,依托现有的农村信息服务、金融保险、农商等平台,通过整合资源,完善功能,达到技术、市场、商务、政务等信息一站式服务。信息进村入户采取市场化建设运营,中央财政给予一次性奖补。

(5)支持绿色高效技术推广服务 农机深松整地。支持适宜地区开展农机深松整地作业。作业深度一般要求达到或超过25厘米,打破犁底层。鼓励依托专业化服务组织开展社会化服务。

(6)支持农业资源生态保护和面源污染防治

①发展南方现代草地畜牧业 以农牧业合作社和相关涉牧企业为主体,建设一批草地规模较大、养殖基础较好、发展优势较明显、示范带动能力强的牛羊肉生产基地,促进南方草地生态保护,发展草地畜牧业。

②耕地保护与质量提升 选择重点县分区域、分作物组装推广一批耕地质量建设和化肥减量增效技术模式,依托新型农业经营主体开展土壤培肥改良和科学施肥服务。在东北重点地区开展控制黑土流失、增加土壤有机质含量、保水保肥、黑土养育等技术措施和工程措施。

③农作物秸秆综合利用试点 选择部分粮食主产区和农作物秸秆焚烧问题较为突出的省份开展农作物秸秆综合利用试点,实行整县推进,坚持多元利用、农用优先。

④渔业增殖放流和减船转产 在流域性大江大湖、界江界河、资源退化严重海域等重点水域开展渔业增殖放流。支持地方开展海洋捕捞渔民减船转产,同时支持渔船更新改造、渔船拆解、人

工鱼礁、深水网箱、渔港及通信导航等设施建设。鼓励地方政府统筹中央有关转移支付以及地方有关资金，支持长江流域水生生物保护区渔民转产转业、全面禁捕等工作。

⑤畜禽粪污资源化处理　选择部分生猪、奶牛、肉牛养殖重点县开展畜禽粪污资源化处理试点。按照政府支持、企业主体、市场化运作的方针，以就地就近用于农村能源和农用有机肥为主要利用方式，通过整县推进，改造完善粪污收集、处理、利用等整套粪污处理设施，实现规模养殖场全部实现粪污处理和资源化利用，努力形成农牧结合种养循环发展的产业格局。

⑥推广地膜清洁生产技术　支持西北、华北等旱作区推广地膜科学使用、合理养护、适时揭膜、机械捡膜等集成技术模式，并通过"以旧换新"等方式推进残膜回收利用。

⑦果菜茶有机肥替代化肥行动　选择果菜茶种植优势突出、有机肥资源有保障、有机肥施用技术模式成熟、产业发展有一定基础、地方有积极性的重点县开展有机肥替代化肥行动，以新型农业经营主体为承担主体，探索一批"果沼畜""菜沼畜""茶沼畜"等生产运营模式，推进资源循环利用。

Q2 国家惠农政策中的金融支农政策有哪些？

农业创业如何获得资金是很重要的一个方面，了解国家金融政策对于创业者十分有必要。

国务院发布的《推进普惠金融发展规划（2016—2020年）》指出，要提高金融服务可得性。大幅改善对农村贫困人口、创业农民等初始创业者的金融支持，完善对特殊群体的无障碍金融服务。加大对新业态、新模式、新主体的金融支持，提高农户贷款覆盖率，提高金融服务覆盖率。基本实现乡乡有机构，村村有服务，乡镇一级基本实现银行物理网点和保险服务全覆盖，巩固助农取款服务村级覆盖网络，提高利用效率，推动行政村一级实现更多基础金融服务全覆盖。继续完善中国农业银行"三农金融事业部"管理体制和运行机制，进一步提升"三农"金融服务水平。引导中国邮政储蓄银行稳步发展小额涉农贷款业务，逐步扩大涉农业务范围。鼓励全国性股份制商业银行、城市商业银行和民营银行扎根基层、服务社区；为"三农"提供更有针对性、更加便利的金融服务，推动省联社加快职能转换。提高农村商业银行、农村合作银行、农村信用联社服务"三农"的能力，加快在县（市、旗）集约化发起设立村镇银行步伐，重点布局中西部和老少边穷地区、粮食主产区聚集地区。

2017 年 9 月，国家发展改革委、中国农业发展银行联合印发《关于开展农业政策性金融支持返乡创业有关工作的通知》（发改就业〔2017〕1662 号），结合返乡创业特点，设立返乡创业专项贷款，加大对农民工等人员返乡创业的信贷支持力度。

Q3 如何获得与农业创业相关的政策知识？

农业创业者可以通过以下报刊及网站获得与农业创业相关的政策知识。

（1）报 刊

《农民日报》：是我国历史上第一份面向全国农村发行的报纸，《农民日报》是一份中央级、综合性大报。主要栏目有第 01 版：要闻；第 02 版：综合新闻；第 03 版：地方新闻；第 04 版：广告；第 05 版：农资周刊；第 06 版：农药；第 07 版：农化服务；第 08

版：农业装备。

《经济参考报》：是新华社主管主办的重点报纸，是中国最早的全国性经济类报纸。主要栏目有新闻聚焦版、深度／视野版、思想／观察版。

《中国农村经济》：国内刊号：CN11-1262／F，是由中国社会科学院农村发展研究所主办的中央级农村经济权威性学术刊物。突出指导性、理论性、政策性、超前性，转载率一直遥居同类刊物之首，具有广泛的影响。

《中国蔬菜》：国内刊号：CN11-2326／S，由中国农业科学院蔬菜花卉研究所主办。

《中国乳业》：国内刊号：CN11-4768／S由农业部主管，代表我国现代乳业科学技术发展水平的纯学术期刊。

《食用菌》：双月刊，国内刊号：CN31-1257／S，由上海农科院主办，是一份以应用技术为主的专业性技术期刊，主要报道食用菌科研成果，广泛交流生产经验，宣传普及食用菌知识。

（2）网站　可搜索的网站主要有：国家、省（市）、县（市）政府的官网，中华人民共和国农业部官网，中国搜农，华农在线，365农业搜索，易农搜，农搜网等。

农业信息网：中国农业信息网。

农业新闻网：三农在线、新农网、中国农业新闻网、金农网新闻、农民网等。

种植类网站：中国大米网、中国苗木绿化网、中国苗木花卉网、夏溪花木市场、中国花卉网、中国蔬菜交易网等。

畜牧类网站：搜猪网、生猪报价网、畜牧网、中国牛羊网、中国养殖网、养殖信息网、饲料原料信息网等。

水产类网站：中国国际水产网、中国海鲜网、中国水产资讯网等。

农机类网站：中国农业机械网、中国农机设备总网、中国农机互联网、农机 360 网、中国农机联盟网等。

农业视频网站：CCTV-7（每日农经、致富经、科技苑等）。

此外，国家各级政府还有定期的培训学习，农业创业者可以积极关注当地农业部门的相关通知，积极参加此类活动以获得相关政策知识。

Q4 2017 年与新型职业农民相关的政策要点有哪些？

2017 年 9 月 14 日，农业部全国新型职业农民培育示范基地现场观摩会在陕西杨凌召开。会议总结了首批 100 个全国新型职业农民培育基地建设经验成效，并提出了下一步的改进思路。

目前，农业部公布的首批 100 个全国新型职业农民培育示范基地呈现出两个特点：一是建设主体更趋多元。既有公益类机构，也有市场化主体，还有联合主体。家庭农场、种养基地、合作社、农业公司、科技园区、产业园区都占有一定比例。二是基地功能更趋多样。既有实习实训功能，又有观摩考察和产品展示功能，符合当地产业实际发展和农民教育培训需要。

新型职业农民培育基地网络是教育培训的重要载体，按照农业部《全国新型职业农民培育示范基地管理办法》的要求，培育基地一要适应不同类型新型职业农民培育需求，二要逐步构建功能互补的基地体系，三要能够实现线上线下的融合发展。

下一步基地建设工作主要从"建、管、用"三个方向着力。一要加强基地建设，鼓励建设主体向多元方向发展。二要加强基地管理，坚持综合施策。广泛动员涉农院校、科研单位、农广校、推广机构、新兴市场主体等积极参与。三要用好全国示范基地，坚持博采众长。让示范基地在全国发挥实现分段实习实训、进行成果展示、开展创业孵化的重要作用。

Q5 支持返乡下乡人员创业创新的政策有哪些？

近年来，随着大众创业、万众创新的深入推进，越来越多的农民工、中高等院校毕业生、退役士兵和科技人员等返乡下乡人员到农村创业创新，为推进农业供给侧结构性改革、活跃农村经济发挥了重要作用。返乡下乡人员创业创新，有利于将现代科技、生产方式和经营理念引入农业，提高农业质量效益和竞争力；有利于发展新产业新业态新模式，推动农村一二三产业融合发展；有利于激活各类城乡生产资源要素，促进农民就业增收。2016 年国务院办公厅发布了《关于支持返乡下乡人员创业创新促进农村一二三产业融合发展的意见》。

（1）重点支持的领域和发展方向

①突出重点领域 鼓励和引导返乡下乡人员结合自身优势和特长，根据市场需求和当地资源禀赋，利用新理念、新技术和新渠道，开发农业农村资源，发展优势特色产业，繁荣农村经济。重点发展规模种养业、特色农业、设施农业、林下经济、庭院经济等农业生产经营模式，烘干、贮藏、保鲜、净化、分等分级、包装等农产品加工业，农资配送、耕地修复治理、病虫害防治、农机作业服务、农产品流通、农业废弃物处理、农业信息咨询等生产性服务业，休闲农业和乡村旅游、民族风情旅游、传统手工艺、文化创意、养生养老、中央厨房、农村绿化美化、农村物业管理等生活性服务业，以及其他新产业新业态新模式。

②丰富创业创新方式 鼓励和引导返乡下乡人员按照法律法规和政策规定,通过承包、租赁、入股、合作等多种形式,创办家庭农场(林场)、农民合作社、农业企业、农业社会化服务组织等新型农业经营主体。通过聘用管理技术人才组建创业团队,与其他经营主体合作组建现代企业、企业集团或产业联盟,共同开辟创业空间。通过发展农村电商平台,利用互联网思维和技术,实施"互联网+"现代农业行动,开展网上创业。通过发展合作制、股份合作制、股份制等形式,培育产权清晰、利益共享、机制灵活的创业创新共同体。

③推进农村产业融合 鼓励和引导返乡下乡人员按照全产业链、全价值链的现代产业组织方式开展创业创新,建立合理稳定的利益联结机制,推进农村一二三产业融合发展,让农民分享二三产业增值收益。以农牧(农林、农渔)结合、循环发展为导向,发展优质高效绿色农业。实行产加销一体化运作,延长农业产业链条。推进农业与旅游、教育、文化、健康养老等产业深度融合,提升农业价值链。引导返乡下乡人员创业创新向特色小城镇和产业园区等集中,培育产业集群和产业融合先导区。

(2)具体政策措施

①简化市场准入 落实简政放权、放管结合、优化服务一系列措施,深化行政审批制度改革,持续推进商事制度改革,提高便利化水平。落实注册资本认缴登记和"先照后证"改革,在现有"三证合一"登记制度改革成效的基础上大力推进"五证合一、一照一码"登记制度改革。推动住所登记制度改革,积极支持各地放宽住所(经营场所)登记条件。县级人民政府要设立"绿色通道",为返乡下乡人员创业创新提供便利服务,对进入创业园区的,提供有针对性的创业辅导、政策咨询、集中办理证照等服务。

对返乡下乡人员创业创新免收登记类、证照类等行政事业性收费，该项措施由工商总局等负责。

②改善金融服务　采取财政贴息、融资担保、扩大抵押物范围等综合措施，努力解决返乡下乡人员创业创新融资难问题。稳妥有序推进农村承包土地的经营权抵押贷款试点，有效盘活农村资源、资金和资产。鼓励银行业金融机构开发符合返乡下乡人员创业创新需求的信贷产品和服务模式，探索权属清晰的包括农业设施、农机具在内的动产和不动产抵押贷款业务，提升返乡下乡人员金融服务可获得性。推进农村普惠金融发展，加强对纳入信用评价体系返乡下乡人员的金融服务。加大对农业保险产品的开发和推广力度，鼓励有条件的地方探索开展价格指数保险、收入保险、信贷保证保险、农产品质量安全保证保险、畜禽水产活体保险等创新试点，更好地满足返乡下乡人员的风险保障需求。该项措施由中国人民银行、银监会、保监会、农业部、国家林业局等负责。

③加大财政支持力度　加快将现有财政政策措施向返乡下乡人员创业创新拓展，将符合条件的返乡下乡人员创业创新项目纳入强农惠农富农政策范围。新型职业农民培育、农村一二三产业融合发展、农业生产全程社会化服务、农产品加工、农村信息化建设等各类财政支农项目和产业基金，要将符合条件的返乡下乡人员纳入扶持范围，采取以奖代补、先建后补、政府购买服务等方式予以积极支持。大学生、留学回国人员、科技人员、青年、妇女等人员创业的财政支持政策，要向返乡下乡人员创业创新延伸覆盖。把返乡下乡人员开展农业适度规模经营所需贷款纳入全国农业信贷担保体系。切实落实好定向减税和普遍性降费政策。该项措施由财政部、税务总局、教育部、科技部、工业和信息化

部、人力资源社会保障部、农业部、国家林业局、共青团中央、全国妇联等负责。

④落实用地用电支持措施　在符合土地利用总体规划的前提下，通过调整存量土地资源，缓解返乡下乡人员创业创新用地难问题。支持返乡下乡人员按照相关用地政策，开展设施农业建设和经营。落实大众创业万众创新、现代农业、农产品加工业、休闲农业和乡村旅游等用地政策。鼓励返乡下乡人员依法以入股、合作、租赁等形式使用农村集体土地发展农业产业，依法使用农村集体建设用地开展创业创新。各省（区、市）可以根据本地实际，制定管理办法，支持返乡下乡人员依托自有和闲置农房院落发展农家乐。在符合农村宅基地管理规定和相关规划的前提下，允许返乡下乡人员和当地农民合作改建自住房。县级人民政府可在年度建设用地指标中单列一定比例专门用于返乡下乡人员建设农业配套辅助设施。城乡建设用地增减挂钩政策腾退出的建设用地指标，以及通过农村闲置宅基地整理新增的耕地和建设用地，重点支持返乡下乡人员创业创新。支持返乡下乡人员与农村集体经济组织共建农业物流仓储等设施。鼓励利用"四荒地"（荒山、荒沟、荒丘、荒滩）和厂矿废弃地、砖瓦窑废弃地、道路改线废弃地、闲置校舍、村庄空闲地等用于返乡下乡人员创业创新。农林牧渔业产品初加工项目在确定土地出让底价时可按不低于所在地土地等别相对应全国工业用地出让最低价标准的70%执行。返乡下乡人员发展农业、林木培育和种植、畜牧业、渔业生产、农业排灌用电以及农业服务业中的农产品初加工用电，包括对各种农产品进行脱水、凝固、去籽、净化、分类、晒干、剥皮、初烤、沤软或大批包装以供应初级市场的用电，均执行农业生产电价。该项措施由国土资源部、国家发展改革委、住房和城乡建设部、

农业部、国家林业局、国家旅游局、国家电网公司等负责。

⑤开展农业创业培训　实施农民工等人员返乡创业培训五年行动计划和新型职业农民培育工程、农村青年创业致富"领头雁"计划、贫困村创业致富带头人培训工程，开展农村妇女创业创新培训，让有创业和培训意愿的返乡下乡人员都能接受培训。建立返乡下乡人员信息库，有针对性地确定培训项目，实施精准培训，提升其创业能力。地方各级人民政府要将返乡下乡人员创业创新培训经费纳入财政预算。鼓励各类培训资源参与返乡下乡人员培训，支持各类园区、星创天地、农民合作社、中高等院校、农业企业等建立创业创新实训基地。采取线上学习与线下培训、自主学习与教师传授相结合的方式，开辟培训新渠道。加强农业创业创新导师队伍建设，从企业家、投资者、专业人才、科技特派员和返乡下乡创业创新带头人中遴选一批导师。建立各类专家对口联系制度，对返乡下乡人员及时开展技术指导和跟踪服务。该项措施由人力资源社会保障部、农业部、教育部、科技部、民政部、国家林业局、国务院扶贫办、共青团中央、全国妇联等负责。

⑥完善社会保障政策　返乡下乡人员可在创业地按相关规定参加各项社会保险，有条件的地方要将其纳入住房公积金缴存范围，按规定将其子女纳入城镇（城乡）居民基本医疗保险参保范围。对返乡下乡创业创新的就业困难人员、离校未就业高校毕业生以灵活就业方式参加社会保险的，可按规定给予一定社会保险补贴。对返乡下乡人员初始创业失败后生活困难的，可按规定享受社会救助。持有居住证的返乡下乡人员的子女可在创业地接受义务教育，依地方相关规定接受普惠性学前教育。该项措施由人力资源和社会保障部、财政部、民政部、住房和城乡建设部、教育部等负责。

⑦强化信息技术支撑　支持返乡下乡人员投资入股参与信息进村入户工程建设和运营,可聘用其作为村级信息员或区域中心管理员。鼓励各类电信运营商、电商等企业面向返乡下乡人员开发信息应用软件,开展农业生产技术培训,提供农资配送、农机作业等农业社会化服务,推介优质农产品,组织开展网络营销。面向返乡下乡人员开展信息技术技能培训。通过财政补贴、政府购买服务、落实税收优惠等政策,支持返乡下乡人员利用大数据、物联网、云计算、移动互联网等新一代信息技术开展创业创新。该项措施由农业部、国家发展改革委、工业和信息化部、财政部、商务部、税务总局、国家林业局等负责。

⑧创建农业创业园区(基地)　按照政府搭建平台、平台聚集资源、资源服务创业的思路,依托现有开发区、农业产业园等各类园区以及专业市场、农民合作社、农业规模种养基地等,整合创建一批具有区域特色的返乡下乡人员创业创新园区(基地),建立开放式服务窗口,形成合力。现代农业示范区要发挥辐射带动和示范作用,成为返乡下乡人员创业创新的重要载体。支持中高等院校、大型企业采取众创空间、创新工厂等模式,创建一批重点面向初创期"种子培育"的孵化园(基地),有条件的地方可对返乡下乡人员到孵化园(基地)创业给予租金补贴。该项措施由农业部、国家发展改革委、科技部、工业和信息化部、财政部、人力资源和社会保障部、商务部、文化部、国家林业局等负责。

农业创业基本知识

Q1 农业创业指什么？

　　创业是依赖一定的组织形式，通过资本投入和运作，开创一项新事业，实现资本增值（新价值创造）的过程。从创业动机出发，创业具有 3 个基本属性：谋求生存、追求财富、服务社会。

　　农业创业是指创业者在农业行业领域内进行投资，从事农业生产、加工、运输、服务等活动的过程。

　　转变农业发展方式，大力发展现代农业，培育新型农业经营主体，需要一大批具有崇高理想、创新思想和创业理念的新型职业农民和返乡农民工。

Q2 目前的社会环境对农业创业是否有利？

　　习近平总书记曾明确提出要加快转变农业生产方式，加快农业技术创新步伐，走出一条集约、高效、安全、持续的现代农业发展道路。

　　农民是发展农业的重要基础，是推进农村经济社会进步的主体力量。新型职业农民是农民中的精英分子，是带动广大农民致富奔小康的领头人，是转变农业生产方式、加快推进现代农业发展、实现全面建成小康社会的重要推动力量。党和国家高度重视新型职业农民培育工作。自 2012 年中央 1 号文件提出大力培育新型职业农民以来，相继出台了一系列政策文件，把培育新型职业农民放在"三农"工作的突出位置并大力推进。在中共中央、国务院的关怀下，在各级政府和农业主管部门的支持下，一大批有文化、懂技术、会经营的新型职业农民脱颖而出。他们有的是种养大户，有的是家庭农场主，有的是农民合作社带头人，有的是社会化服务组织的负责人。他们以农业为终身职业，开拓进取，创业兴业，在应用推广农业科技、推动农业转型升级、带领当地农民增收致富等方面发挥了重要作用，为现代农业发展注入了新的活力。2017年5月，农业部公布了首批100个全国新型职业农民培育示范基地。按照农业部规划，力争到2020年全国性示范基地总数达到1000个，登记入库基地达到1万个以上，初步形成一个基地网络。

近年来，随着大众创业、万众创新的深入推进，越来越多的农民工、中高等院校毕业生、退役士兵和科技人员等返乡下乡人员到农村进行农业创业创新，为推进农业供给侧结构性改革、活跃农村经济发挥了重要作用。返乡下乡人员创业创新，有利于将现代科技、生产方式和经营理念引入农业，提高农业质量效益和竞争力；有利于发展新产业新业态新模式，推动农村一二三产业融合发展；有利于激活各类城乡生产资源要素，促进农民就业增收。在《国务院办公厅关于支持农民工等人员返乡创业的意见》（国办发〔2015〕47号）和《国务院办公厅关于推进农村一二三产业融合发展的指导意见》（国办发〔2015〕93号）的基础上，为进一步细化和完善扶持政策措施，鼓励和支持返乡下乡人员创业创新，2016年11月，国务院办公厅提出《关于支持返乡下乡人员创业创新促进农村一二三产业融合发展的意见》。2017年10月3日，农业部部长韩长赋指出保持农民增收好势头要拓宽农业增收新渠道：培育休闲农业、乡村旅游、创意农业、农村电子商务等新产业、新业态以及支持农民工返乡创业。

因此，现在农业创业正当时！

Q3 **农民工回乡创业有利于农业发展吗？**

　　农民工是中国改革开放以来的一种重要经济和社会现象。大量农村富余劳动力进城务工，为城市的工业与服务业发展作出了巨大贡献。近几年来，农民工等人员返乡创业趋势明显，城乡人员的流动开始出现拐点。外来务工人员在长年的务工过程中积累了丰富的行业和技术经验，并掌握了一定的企业管理知识。因此，大多数创业者利用务工积累的经验和资源开展创业活动，这将有利于资金、技术、人才等生产要素向农村流动，填平乡村发展洼地，并有效满足人们回馈乡亲、回报乡里、回归田园的情怀和情感需求。

　　因此，在外打工的农民工朋友们，回乡创业不仅对自己有利，还能对家乡作出贡献，快快回来吧！

Q4 **农业创业前应注意的基本问题有哪些？**

　　在开始创业前，需注意以下几点。

　　（1）农业创业要耗费大量的时间和精力　创业初期，构建人脉、联系业务、疏通渠道……需要投入大量的时间。在思考中度日，在勤奋中做事，在交往中做人……创业中期和收获期，需要和家人分开一段时间，利用这段时间梳理极其复杂的关系并带好团队。

　　（2）农业创业是一个复杂、艰辛、创造新事物的过程　新事物对创业者要有价值，对每个团体和社会也应该有价值。

　　（3）农业创业的预期不要过高　农民通过创业可以获得名声、

荣誉、物质、地位，这是农业创业的动机，也是农业创业的动力。

农业创业必须解决如下问题：①用创新思维实现创业目标。改革是创新，改造是创新，引进或新组建更是创新，一切可以创新的手段都是创业的助推器。②解决创业团队构建问题。要想成为企业家就要带头找人干；要想成为合伙人就要找有带头能力的人一起干。谁和你以及你带谁构建创业团队很重要。③需要一定时间。创业决策和行动的效果是在一定时间内完成的，孕育期需要具备创业的欲望；创业机会一旦出现，要有足够的时间为之付出；从创业初期开始，市场调研、组建团队、拟订方案、融资、做产品或服务都需要过程，不仅占用自己的时间，还要借用团队每个成员的时间；创业成长期，时间主要花在构建和完善各种事务性工作上。④要解决如何成长的问题。创业与原有的企业运作相比，更关注的是成长性。人力资源优势越大，创业成功的可能性就越大；行业未来的发展空间越大，创业成长的机会就越多。

（4）**农业创业要承担一定的风险** 几乎所有的创业都有风险，而风险大小取决于选择的领域和占有的资源。在开始创业前首先要想好，创业一旦失败，是否还有东山再起的激情和能力。

Q5 农业创业者应当具备哪些方面的心理素质？

所谓心理素质是指创业者的心理条件，包括自我意识、性格、气质、情感等心理构成要素。创业之路，是充满艰险与曲折的，这需要创业者具有非常强的心理调控能力，能够持续保持一种积极、沉稳的心态。创业的成功在很大程度上取决于创业者的创业心理品质。成功的农业创业者心理素质主要有以下方面的一些个性品质。

（1）**自信**　有自信就能保持乐观向上的心态，就能保持持久的创业激情，就有战胜困难争取胜利的决心，就能感染创业团队凝心聚力，创造辉煌。

（2）**独立**　思维和行动不受外界因素干扰，面对复杂情况能够独立思考，甄别是非。

（3）**坚韧**　农业创业者在创业的道路上难免会遇到困难和挫折，尤其是农业项目更是受市场和自然双重风险的影响，困难更大。优秀的农业创业者总是能够在最艰难的时刻咬紧牙关，以坚韧不拔的毅力，坚持不懈，战胜艰难困苦，赢得最后的胜利。

（4）**胆识**　很多情况下，有些人也具备创业的条件，但总是与机遇擦肩而过，好多时候是由于没有足够的勇气和胆略去尝试。往往利益与风险成正比，有时创业者能成功创业就是因为具有他人不具备的胆识。

（5）**务实**　农业创业者要取得事业的成功就必须能够审时度势，做到与时俱进。市场风云是多变的。从实际出发，在恰当的时间做出正确的判断，适时做出正确的决策是创业者明智的选择。灵活调整，自我转换是创业者科学的态度。

（6）**积极**　保持积极的心态是成功创业的保障。积极品格是创业动力的源泉。任何创业活动不可能没有坎坷，成功需要不断积累经验，农业创业的过程就是在失败中跌打滚爬，不断积累经验财富、不断前行，有了积极的态度，就会把失败看成是磨炼，总是相信困难和波折都是暂时的，总是认为"冬天来了，不久就是春天"，也许成功就要到来。

（7）**诚信**　诚实守信是中华民族的美德。诚实守信是立业之本。良好口碑能够带来滚滚财源。在商战中失去诚信也许可获得一时之利，却会失去永久的商誉，最终被市场淘汰。

（8）**沉稳**　稳重是一个人成熟的标志。忍耐力和克制力是衡量一个人有无坚强意志的标志。无论出现任何情况，保持冷静和理智，就能增加创业成功的概率。

（9）**吃苦**　农业创业是一项艰苦的工作。农业创业初期创业者本人常常身兼数职，工作千头万绪，整天被资金、市场、竞争等一些企业管理要素，折磨得寝食难安。各项工作不理顺、不定型，事不亲躬就会出差错。工作起来常常夜以继日，条件也很艰苦，"白天当老板，晚上睡地板"是常有的事。脚踏实地、吃苦耐劳，是取得创业成功的不竭动力。

（10）**责任**　责任就是担当。责任心是做好一切工作的基础。创业者一旦创业，就会把事业当成一种责任，肩负的是企业资产的命运、员工的未来、社会的责任。正是有了这种责任感，才能有效整合资源，才能为社会提供满意的需求，才能使企业焕发生机与活力，才会使创业者有超出常人百倍的努力和付出，才会拼出企业美好的前途。

（11）**爱心**　富有爱心，不仅是一种美德，更重要的是能够广结善缘，树立自身和企业的良好形象，能与公众建立良好的互动关系，增强企业活力和竞争力，被称为创业成功的"催化剂"。

（12）**公正**　创业者是企业的领导、是领路人，带领团队南征北战，攻坚克难。需要打造一支敢于拼搏、能打硬仗的战斗团队。需要汲取大家的智慧，凝聚大家的力量，这就要求创业者必须处事公道，以身作则，赏罚分明，不徇私情，倡导公平正义，论功行赏，营造比学赶帮超工作氛围，树正气，鼓励大家干事创业。

（13）**奉献**　任何图大业者都是以事业为出发点，处理一切事情都要站在事业的高度、集体利益的高度。创业者要谨记"财聚人散，财散人聚"的深刻道理，克己奉公，不谋私利，有失才会有得。

（14）**全面** 农业创业是一项复杂的工作，一方面要求农业创业者具有较全面的综合素质，另一方面还要思考，做事细致周到。这样，在复杂的条件下，才能左右逢源，分析解决问题才有可能统筹兼顾，全盘考虑，实现企业平衡运作、良性发展。

（15）**自省** 很多创业者在初期取得了不俗的战绩，但好景不长，昙花一现，很快失去了创业成功的光环，当然有些原因是复杂的，但有时候创业者被创业成功的喜悦冲昏了头脑，沾沾自喜，没有看到企业发展潜在的危机，"吃老本"也是重要原因。创业者要时刻保持清醒的头脑，树立危机意识，才能保持企业发展长盛不衰。

Q6 农业创业者应当具备哪些方面的身体素质？

健康的体魄是农业创业的身体保证，农业创业过程常常需要创业者有东奔西走的体力，还要对错综复杂的问题进行全面思考，没有充分的精力做保证是难以承受精神压力和劳动负荷的。因此，健康的体质来源于父母的先天性，当然也有后天的养成。保持健康的体质需要做到以下几个方面。

（1）**劳逸结合** 创业虽繁忙，往往夜以继日，寝食难安，但要科学安排，学会"忙里偷闲"，注重体力恢复；否则，长时间超负荷，就会积劳成疾，不但影响工作，还会影响事业发展。

（2）**任务分解** 一定规模的创业工作是繁杂的，单枪匹马很难使工作见成效，必须调动团队的力量，发挥助手的作用，才能群策群力，呈现事半功倍的效果，才能游刃有余。

（3）**适度锻炼** 选择适合自己且喜爱的运动项目进行适度锻

炼，是增强体质、缓解压力的有效办法。

（4）**健康饮食**　身体健康需要健康的饮食作保证。创业者工作繁忙，有时饮食时间无规律、质量无保证，长期透支，不利于身体健康。创业者要做到饮食习惯合理、营养搭配科学，从而保证身体健康。

（5）**保证睡眠**　睡眠是体力和精力恢复的有效办法。保证身体健康需要一定时间的睡眠。创业者无论工作再忙，必须留有必要的睡眠时间。

（6）**精神保健**　参加积极健康丰富的文体娱乐活动，能够挣脱工作繁忙，带给自己精神愉悦的感受，是缓解压力、保持身心健康的需要。

Q7　农业创业者应当具备哪些方面的知识素质？

　　知识素质反映创业者对于涉及的创业活动的专业认知程度和对行业的了解程度及相关知识的储备情况，对创业者组织开展创业活动有着直接的影响。特别是知识经济时代，面对纷繁复杂的创业环境，决策行动需要博专结合的知识结构，凭靠经验、勇气、热情或单一的知识很难取得创业的成功。创业者一般应具备以下知识素质。

（1）**政策法规知识**　掌握政府政策和法律规定是创业者的必修课程。只有了解政府政策和法律，才能用足、用活政策，做到依法办事，争取政府政策扶持，得到法律保护，为企业赢得有利的发展成长环境。

（2）**行业专业知识**　创业者虽然不一定是创业行业的技术专家，但必须掌握行业技术的发展情况和动态，才能在科技发展日

新月异的今天寻找技术制高点，在竞争日益激烈的情况下占领技术高地。

（3）**市场经济知识**　企业发展处于国内外大环境的经济背景之下，不可能游离于大环境之外，都需要对市场营销、财政金融、国际贸易等知识有一定程度的了解。掌握必要的市场经济知识，以做出正确的判断和决策，从而赢得成功。

（4）**企业管理知识**　企业管理是创业者日常工作的重要内容。管理需要多学科知识综合运用。技术、人才、资源、资产、财务、生产、销售等方面管理都需要创业者具有一定的专业知识，运用相关知识，掌握管理规律和制度，采用科学方法，解决管理中遇到的问题，对企业实施有效管理。

（5）**综合知识**　企业的发展是一项复杂的经济活动，在企业内部管理、企业外部环境、市场营销、消费者心理等方面，可能会用到一些不常用的知识，这就要求创业者对一些有关国内外人文地理、社会生活、文学、艺术等方面的知识有一定程度的了解，尤其是涉及本行业方面的知识要给以关注和重视。

Q8 农业创业者应当具备哪些方面的能力素质？

能力素质是创业者综合水平的体现，是创业者成功创业的决定因素。

（1）**规划目标的能力**　创业者要"胸怀企业，放眼世界，放眼未来"，能够根据当前情况，合理确定发展方向和阶段目标，依据市场环境和企业自身条件，制定出可行性的企业发展目标。制定目标时要做到长、中、短各期目标衔接合理。只有创业者有企业发展的蓝图，目标明确，才能驾驭全局带领团队有计划、有步骤地开展工作，才能使企业从胜利走向胜利。

（2）**预测决策能力**　市场外部环境是瞬息万变的。创业者要以敏感的视觉，观察周围情况的变化，采用科学的分析方法，对影响企业发展的各项因素做出及时准确预测，采用恰当的决策，找出应对外部环境变化的可行措施，引导企业良性发展。

（3）**组织管理能力**　企业的组织管理是多层面的，需要创业者的管理能力也是多方面的。

①计划管理能力　干工作要做到有条不紊，需要制定计划。制定科学合理的计划就能使工作目标明确、工作任务清晰、完成时限具体、人员责任到位，落实起来自然就忙而不乱，推进有序，效果明显。

②组织指挥能力　团队工作业绩很大程度上要看组织者的领导才干和组织能力。当然，影响组织指挥能力的因素除了个人威信、权限、报酬、制度机制、工作任务难易程度、执行者素质等外，还有科学的组织管理方法。

③选人用人能力　知人善任能够发挥个人潜能，调动和激发员工积极性，又能满足岗位需求，实现各方面工作协调运转。善于发现、使用、培养人才，调动大家的主观能动性，是管理者管理的重中之重，也是企业希望所在。

④建立健全管理制度能力　制度就是规范企业各项工作的章程。创业者要能够根据企业各方面工作特点，结合团队情况，吸收同类企业的管理制度经验，制定出具有本企业特色的管理制度体系，并做到与时俱进不断完善，才能使企业各项工作推进有序，持续发展。

⑤管理信息能力　创业者对信息的管理能力在当今社会事关企业生死存亡。管理信息能力主要指管理者对信息的敏感捕捉能

力、信息编码识别能力、信息处理能力和信息利用能力。信息管理就是利用这些能力为企业各方面管理服务，提高企业应变能力。

⑥激励能力 激励能力是领导者运用一定的激励方式鼓励员工，对员工振奋精神、增添士气、增强干劲、增加责任心、提高工作水平所起到的一种推动作用。激励能力反应领导者号召力、威信和凝聚力。领导者增强激励能力要提高个人威信，同时要掌握激励的方法，还要了解员工及其所处的环境特点，才能发挥应有的作用。

⑦理财能力 开源节流都能"增收"。要做到这些，创业者首先要掌握一定的财会知识，例如，能够看懂账务和财务报表，了解生产各方面的开支情况，挖掘节能降耗潜力。其次要学会管理资金。一是要把握好资金的预决算；二是要把握好资金周转的节奏，确保资金周转环节顺畅，使用合理；三是要对投入资金进行可行性论证，确保投资方式合理，投资金额恰当，实现资金使用效益最大化。

⑧项目管理能力 企业管理涉及方方面面，为提高管理效率，有时需要对工作局部进行切块，实行专门管理，即项目管理。实行项目管理，一是提高重视程度；二是加大管理力度；三是提高管理效果。科学适时实行项目管理，能够增强管理者的责任心和工作力度，提高管理效果。

⑨机构设置能力 组织机构是发挥管理职能的重要载体。整个企业管理是由各管理部门分别承担完成的。要做到管理高效，一要科学设置管理部门，既不能部门太多造成机构臃肿，人浮于事，也不能部门配置不足，造成管理真空；二要科学设置机构权限，防止职责重叠和遗漏；三要合理人员配备，做到以责定岗。

⑩专业技术能力 专业技术能力是创业者掌握和运用专业知

识进行专业生产的能力。专业技术是企业发展的要素之一，它是企业生产效率和产品质量的保证。只有具备专业技术能力，创业者才能找到生产中所出现问题的原因，才能制定出切实可行的措施，实施有效管理。

（4）**创新能力**　创业本身就是创新实践活动。成功的创业者要使企业获得生存空间，并得到成长和发展，必须有自己突出的特点。例如，在生产技术、生产工艺、产品功能、结构质量、服务等方面与其他同类产品相比，本企业产品能满足消费者对特殊功能的需求，或者高出一筹的质量，或者在外观上更符合消费者审美个性。创业者只有保持与时俱进的创新能力，才能使企业充满生机与活力，才能在激烈的市场竞争中保持竞争优势，获得企业的可持续发展。

（5）**合作能力**　创业者要恰当进行企业定位，积极争取外部资源加入本企业系统，为企业注入活力，借势发展。同时，要充分发挥自身优势，通过合资、合营、合作、控股、兼并等形式积极开展对外合作，扩大企业影响力，让企业合作遍地开花结果。

（6）**谈判沟通能力**　谈判行为是一项很复杂的人类交际行为，是创业者开展对外合作的基本技能。要取得谈判的主动，必须制定周到的谈判方案，确定理想目标和最低目标，分析自己和对手的优势与劣势，趋利避害。对可能出现的情况进行假设，并制定采取的对策。当然即使准备再充分，肯定也会有临场变故，这就要充分利用谈判经验，通过观察对方表现，分析对方心理，采用恰当的方法，利用雄辩的口才，敲开对方心灵之门，争取谈判主动。创业者要重视对外合作谈判，争取利益最大化。

（7）**表达能力**　表达能力是创业者最基本的技能，包括语言表达能力和文字表达能力，是创业者实现有效沟通的重要工具。

语言表达能力主要是指口头表达能力，包括演讲、讨论、答辩、谈判、日常对话交流等。文字表达能力主要是指书面文字表达能力及企业发展规划、战略报告等公文应用写作能力。

（8）**学习能力**　创业者是企业的引路人，要带领企业不断前进和发展，就必须了解新技术、新的管理知识经验，对行业发展现状和未来有清醒的认识，对产品和消费者需求变化要十分熟悉。创业者要充分认识学习能力的重要性。要采用现代学习手段，运用科学学习方法，利用可能利用的时间和机会，为自己"充电"。只有这样，才能适应现代企业发展速度的变化需求，带领企业创造美好的未来。

（9）**人际交往能力**　人脉被称为有效的资源。现代企业正在走向多维合作、多向发展的时代。俗话说："多一个朋友多一条路。"扩大社交圈，通过朋友掌握更多信息、寻求更大发展，日益成为成功创业的捷径。创业者在从事经济活动过程中，通过各种社会交往活动，扩大企业影响，能够提高企业的经济效益。良好的人际交往能力对外能够改善与公众（政府、新闻媒体、消费者等）之间的关系，对内能够协调所属各部门成员之间的关系，营造内外环境的和谐氛围，为成功创业打好基础。

人际交往能力是一种社会实践能力，需要在实践中学习，不断积累总结经验。这种能力的形成：一要向善于交际的人学习借鉴人际交往经验和方法；二要多参加聚会交流，增强自信，锻炼能力；三要善于总结思考和观察，提高人际交往技巧，指导人际交往实践活动。持之以恒、坚持不懈就会提高人际交往能力。

（10）**应变能力**　孙子兵法说："兵无常势，水无常形。"企业发展也会受到内外因素的综合作用，时刻都会出现新情况，产生新问题，创业者要能够根据发生的情况，利用企业和环境的积极因素，及时调整战略或采取有效措施，使企业向着有利的方向运转。在企业有重大机遇时，能够把握机遇乘势而上。当企业面临危机时，能够规避风险，使企业转危为安。

Q9 影响农业创业的常见心理障碍有哪些？

很多人都想创业，但是有的人害怕竞争和失败，迟迟不敢迈出创业的第一步；有的人遇到困难挫折，失败一次后一蹶不振，失去再次尝试的勇气等。这些都是消极的心态，会阻碍农业创业的步伐。

影响农业创业的常见心理障碍有如下 4 种。

（1）畏惧竞争，随波逐流　我国传统的小农经济生产方式决定了农民传统的生活方式——日出而作，日落而息，生活节奏稳定而散漫，缺乏变化，可预见性强。这样固定的生活方式造成农民思维方式守旧、不易变通，对充满变化和压力的竞争有种本能的畏惧，不敢面对、不愿面对竞争。有的人即使创业了，也会抱有小富即安的心理，一味守成不再突破创新，使事业最终毁于一旦。

（2）悲观消极，自卑感强　有些农民既渴望创业，又对自己没有信心，觉得自己具备的条件不够，困难诸多：资金短缺、没有过硬的技术、人脉不够宽广、年龄过大、文化程度不够……总之，把创业的"门槛"想得过高。还有一些人干脆把创业者的特质归结为天生的，认为自己不是那块料。结果他们自己为自己设置了许多障碍，导致不敢突破、自卑感重等不良情绪的产生。

（3）害怕失败，不敢冒险　有的人创业的愿望放在心里好多年，但是思前想后，仍是前怕狼后怕虎，始终没有开始创业。他们往往对创业失败的风险及其后果想得太多，对困难和挫折考虑过细，怕丢了面子，怕创业中的麻烦和困难……于是不敢冒险一搏。

（4）**遇到挫折，一蹶不振** 创业之路很少一帆风顺。有的人具备创业的勇气和激情，但是自我控制情绪能力较弱，有一点收获，欣喜若狂；有一点挫折，一蹶不振，情绪容易大起大落。这样的创业者在经历一次失败后，不容易再次尝试创业。

影响农业创业的这4类心理障碍都是需要农业创业者自己去克服。创业不仅需要创业环境和条件，同时也注重创业者自身素质。

Q10 如何调节并克服影响农业创业的常见心理障碍？

心理障碍是自己给自己设置的，那么我们可以通过自我调适克服心理障碍。改变错误或者片面的观点，换个角度去思考问题，就能突破这些障碍。

（1）**克服畏惧竞争、随波逐流的心理** 我们要用积极的心态看待竞争，把它看成是对自己的历练。同时，多阅读书籍，增加自己的阅读量，在别人给出一个看法或者见解时，自己也能够在独立思考后做出判断。

（2）**要积极乐观、克服自卑感** 要不断暗示自己"我可以、我能行"，同时可以查阅一些成功创业的报道，增强自己的自信心。

（3）**不畏失败，敢于冒险** 失败是成功之母，现实中，很少有一次就能成功的创业，在哪跌倒就在哪爬起来。

（4）**百折不挠** 人生不会风平浪静，没有任何波澜。创业也是一样的，遇到挫折、困难，解决就好，不能被困难打倒。

Q11 农业创业的必要性和意义是什么？

全国就业创业工作电视电话会议于 2017 年 5 月 19 日在北京召开。中共中央政治局常委、国务院总理李克强做出重要批示，要坚持实施更加积极的就业政策，坚持以大众创业、万众创新，拓展就业空间改革的办法搭建更优创业平台，用市场的力量创造更多就业机会，推动经济持续健康发展，促进社会公平正义。

我国有近 14 亿人口，其中 9 亿多是农民。农民生活的好坏在一定程度上反映社会发展的好坏。我国农村人多地少，人地矛盾十分突出。要从根本上解决"三农"问题，必须把农民从土地中解放出来，解决农民就业，让亿万农民尽快富裕起来。

实践证明，采取农村劳动力向城市转移，把农民从土地中解放出来，并不能从根本上解决问题。目前，城市人口人满为患，同样面临着巨大的竞争压力。当前，我国正在进入工业反哺农业、城市带动乡村的新的历史时期，全民创业已经成为新的时代要求。

农业创业准备

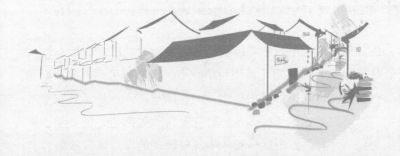

Q1 创业的本质是什么？

通常我们认为，创业的本质就是创造。具体可以通过以下几个方面进行进一步了解：①创造一个之前没有的企业，或者开创一个新的事业。②创造新的价值，可以是对已经有的生产方式或者资源进行整合产生新的价值；也可以是找到新的市场，以创新性产品或者服务为顾客创造新的价值。③创业成功可以获得合理的利润，进而为社会创造更多的财富。④创造新的就业机会，进一步解决就业难问题，为个人成长提供机会。⑤市场、收入、公司资产、人力资源等的全面增长。⑥创造变革。

Q2 农业创业者可以通过哪些渠道获取有价值的信息？

在大部分行业里，创业前我们都需要对行业的发展前景以及竞争对手有一个清楚的了解和判断，不能闭门造车。了解农业的渠道有很多，首先，可以搜集相关的新闻报道，这是了解农业最直观、简单的方式；其次，各种研究报告和数据也是进一步了解农业的另一个方法；再次，农业中标杆公司的深度研究报告也有助于我们理解农业；最后，线下农业行业内的交流是深入了解农业的一个必不可少的渠道。

（1）新闻报道　新闻查找的方式非常多样，比如通过门户网站细分栏目或者专业垂直的农业网站获取有用的农业信息；再如现在互联网时代，以微信朋友圈为途径通过知名的农业公众号，去关注、了解政策新闻等。在搜集农业信息的过程中，创业者要具备筛选信息的能力，清楚地知道什么是自己想要的信息。

（2）**研究报告和数据** 创业者可以通过各种证券公司、投资银行以及咨询机构对外公布的研究数据获取农业资料。同时，创业者也可以通过一些互联网行业的相关研究机构及网站获取所需的数据资料，例如：腾讯大数据、百度开放服务平台、百度数据研究中心、360研究报告等。

（3）**农业中标杆公司的深度研究报告** 例如，作为一名家禽饲养行业的创业者，在了解这个行业的过程中，必不可少地要去参考行业内的巨头们在养殖方面的情况，比如他们的发展历程、拥有的资源情况、财务状况等。这些数据能够从侧面折射出这个行业的很多有用信息。

（4）**线下农业行业内的交流** 实践出真知。阅读再多的行业数据、材料，也不如真正深入到行业内，与实践者进行深度交谈获得的信息更有价值。我们可以通过行业内的交流会议，对行业中的实践者进行拜访交流。这样可以认识行业内有经验的、对行业有着深刻理解的人，从而进入圈子，了解到行业内的秘密。在大多数情况下，我们面对的信息不是太少，而是太多，并且很难分辨好坏。因此，我们更需要勤于思考，不断寻找行业里更优秀的人去聊天、学习，结合自己的实践去检验，不断剔除错误的认识，让自己更加了解自己的行业。

Q3 农业创业必须具备哪些基本要素？

农业创业需要具备的基本要素是创业者、市场、技术、资本和人力资源。

（1）**创业者（人）是创业活动的主体** 创业者是能够寻找和发现变化并积极做出反应，把发现的变化当作机会而充分利用的人，创业者是创业活动的策划者、组织者和执行者。任何想要创业的人都可以是创业者。创业者素质的高低在很大程度上决定创业的成败。优秀的创业者具有高度的能动性，能够整合和利用现有的自然、经济、社会等资源，摸清市场环境实现自主创业。

（2）**市场是创业者发展的大平台**　创业与市场紧密相连，比如创业商机、创业项目都可以在市场上调研发现，创业所需资源也可以到市场购买，创业者创造的产品和服务也可以到市场贩卖销售。

（3）**技术是创业成功的重要保障**　主要包括生产制造技术、科研开发技术、市场营销技术、经营管理技术等。其中，最重要、最核心的技术是经营管理技术。创业不难，难的是守业。只有企业长久经营，才能不断盈利。就像企业经营所说的"三分在技术，七分在管理"，农业创业活动也是一样的道理。

（4）**资本是创业成功的保障**　资本也就是我们常说的资金，除了资金之外还包括资产和智慧。就以养鸡农户为例，创办者购买鸡种、搭造鸡舍、购买饲料这些都是资金投资，建成的鸡舍是资产，创办者的养鸡经验是智慧。

（5）**人力是创业成功的关键**　人聚财来，财来人聚。人力资源是指在一个国家或地区中，处于劳动年龄、未到劳动年龄和超过劳动年龄但具有劳动能力的人口之和。或者是一个国家或地区的总人口中减去丧失劳动能力的人口之后的人口。

总的来看，创业者是主体，市场是平台，技术和资本是保障，人力是关键。在农业创业的过程中，这五大要素缺一不可。

Q4 创业融资方式有哪些?

创业资金筹集方式包括银行贷款、风险投资、民间资本和典当融资四大类。

（1）银行贷款 银行贷款包括 4 种形式，分别是抵押贷款、信用贷款、担保贷款、贴现贷款。

①抵押贷款 抵押贷款是借款方以一定的抵押物品作为保证向银行提取的贷款。它是银行的一种放款形式，抵押物品通常包括有价证券、国债券、各种股票、房地产以及货物的提单、栈单或其他各种证明物品所有权的单据。贷款到期时，借款方必须如数归还本金和利息，否则银行有权处理抵押物品，作为欠款补偿。

②信用贷款 信用贷款是凭借借款方的信誉发放的贷款，借款方不用提供担保。

③担保贷款 担保贷款是以担保人的信用为依据进行的贷款。担保贷款的担保方式有 4 类：信用担保、联合担保、互助担保、商业担保。

信用担保不以营利为目，这是它的主要特征。资金来源是中央和地方政府的拨款，实施市场化公开运作，受政府监督。

联合担保具有商业担保与信用担保的双重特性，资金来源是政府部门和中国投融资担保股份有限公司。

互助担保不以营利为目的，由地方工商联、私营协会等自发筹建，资金来源是会员企业出资和地方政府给了一定的资金资助。

商业担保公司是由企业、社会、个人出资组建，主要特征是以营利为目的，同时投资其他业务。

④贴现贷款 贴现贷款是指借款人在急需资金时，利用未到

期票据向银行申请贴现进行资金融通的贷款方式。

（2）**风险投资**　这是指风险投资人以参股的形式进入创业企业进行投资。风险投资分为创业基金和天使基金两类。创业基金是指专业人士管理的资金，以股本投资形式向未上市企业提供融资，主要目的是帮助企业上市。天使基金是指个人或者机构在企业成立的初期、成长期投资，等到企业成长到一定阶段之后，通过股权转让获得收益的一种特殊投资行为。

（3）**民间资本**　民间资本是通过民间担保公司担保向银行借款，一般使用协议评估的形式。这种担保方式手续简单，服务灵活，贷款时效高。

（4）**典当融资**　典当融资贷款期限较短、利息高于银行利息。因此，创业者在融资时，一般会先考虑银行，银行无法获得贷款时，才会选择典当融资。"急需""即还"是典当融资两个最大的特点。

Q5 农业创业者在准备创业时为什么要明白创业是一项有风险的活动？

　　做任何事情都不可能没有风险，所以农业创业也是一种风险和挑战并存的事业，并且这种风险是客观存在的，不以人的意志为转移。所以，创业者应该尽可能准确地预估风险，勇敢、客观、理性地面对，并且运用自身的聪明才智尽量做到合理规避风险，获得更多收益。

　　人常说付出与回报是成正比的，有多大的风险就会有多大的回报。农业创业就是一种高风险、高回报的事业。

Q6 农业创业风险有哪些特征？创业者应该如何面对？

创业风险既有客观性又有相对性。创业的风险是客观存在的，任何创业活动都不可能完全规避风险。这就要求创业者要有良好的心态，正确面对风险。同时，创业风险又是相对的，对于不同的创业者、不同的创业活动和不同的创业环境来说，创业风险的性质、影响程度等都不是一样的，有一些个体差异。有些情况，对于一个创业者来说是风险，但对于另一个创业者来说则不是，甚至可能是机遇。创业者要正确看待风险，根据自身的实际情况，把握好风险的性质和严重程度，及时采取应对措施。

创业风险既有不确定性又有可防可控性。随着现今科学技术的不断发展，有些风险是可以用科学的方法预测到的，创业者可以及时进行规避和预防，杜绝风险发生或者减少风险发生带来的危害；有些风险由于人的认识水平有限是难以甚至不能预测到的。

实践证明，绝大多数的创业风险都是可防可控的。

Q7 农业创业面临的风险种类主要有哪些？

农业创业面临的风险种类主要有如下 5 类。

（1）**财产风险** 企业的生产经营活动，需要投入大量的资金并生产出自己的产品。企业的财产有流动资金、办公用品、厂房设备、原材料、工具、产品等。创业者要加强管理，关注财产安全，做好防火、防抢、防盗、防诈骗、防霉变等，特别要注意做好财务安全的防范。

（2）**自然风险** 我国农村地域辽阔，相应的自然环境千差万别，不同的自然环境给创业者带来便利的同时也不得不面对恶劣自然环境的挑战。特别是种植或者养殖类农业创业项目的自然风险尤为突出。

（3）**市场风险**　如市场的供需变化、产品的更新换代、消费者的购买力和购买喜好等。尤其在我国，农产品价格和供需变化经常发生，时常出现难买难卖，更加增加了农业创业的市场风险。

（4）**技术风险**　创业者所依赖的技术不可靠、技术的升级换代、竞争对手的模仿、技术人才跳槽等都会带来技术风险。

（5）**环境风险**　新企业赖以生存和发展的外在环境变化给创业者带来的风险。如中央一号文件、中央指导意见等政治环境，社会主义制度市场经济政策下的经济环境及社会文化环境等变化的影响。

Q8 如何规避农业创业风险？

创业者要对创业风险有一个理性的认识，既不能满不在乎，视而不见；也不能过度畏惧，缩手缩脚。创业者对于企业风险应该提前做出一些预案，当风险发生时不至于手忙脚乱，以便有效地避免和减少损失。同时，创业者要清醒地认识到防范风险是其经常性、持续性、制度化的工作。

规避农业创业风险的对策有如下 4 点。

（1）**看准市场再下手**　在市场经济条件下，创业者要根据市场上消费者的需求来安排生产经营，就是市场需要多少生产多少，不能以自己的意愿生产产品。在切实的实践中，农民更多地把心思放在如何种植和养殖上，考虑生产比较多，忽略了市场的作用，这就是随意、盲目生产，供需不匹配，农民生产容易受损。就目前来说，市场需要什么、需要多少，农业创业者就生产什么、生产多少。这样才能保障供需一致，便于销售产品。所以，创业者在投入前一定要做好市场调查。

（2）掌握核心技术 创业者既要掌握生产技术，更要掌握营销技术和管理技术。要善于发现不断精化自己的核心技术（绝活）。在实践中，企业与众不同的产品或者服务就是自己的核心竞争力。

（3）购买保险 创业者要根据自己的实际情况购买保险：农业种植购买农业险、农产品运输行业购买运输险、农业养殖购买农业补贴险等，从而减少风险造成的损失。

（4）加入专业协会或者专业合作社 目前，我国农业一家一户的小生产方式不足以应对激烈的竞争、日趋国际化的现代化市场。我国正在大力扶持各类专业协会、专业合作社的发展。走合作发展之路，不但能解决小生产竞争力较弱、规模效益较低等问题，还能有效地分解和化解经营风险。

Q9 有关农业保险的内容有哪些？

农业保险（简称"农险"）是指专为农业生产者在从事种植业、林业、畜牧业和渔业生产过程中，对遭受自然灾害、意外事故等保险事故所造成的经济损失提供保障的一种保险。

农业保险可分为种植业保险和养殖业保险。

（1）种植业保险

①农作物保险 农作物保险以水稻、小麦等粮食作物和棉花、烟叶等经济作物为对象，以各种作物在生长期间因自然灾害或意外事故使收获量价值或生产费用遭受损失为承保责任的保险。

②收获期农作物保险 收获期农作物保险以粮食作物或经济作物收割后的初级农产品价值为承保对象，即是作物处于晾晒、脱粒、烘烤等初级加工阶段时的一种短期保险。

③森林保险 森林保险是以天然林场和人工林场为承保对象，以林木生长期间因自然灾害和意外事故、病虫害造成的林木价值或营林生产费用损失为承保责任的保险。

④经济林、园林苗圃保险 这种险种承保的对象是生长中的各种经济林种。包括这些林种提供的具有经济价值的果实、根叶、汁水、皮等产品以及可供观赏、美化环境的商品性名贵树木、树苗。保险公司对这些树苗、林种及其产品由于自然灾害或病虫害所造成的损失进行补偿。此类保险有柑橘、苹果、山楂、板栗、橡胶树、茶树、核桃、枣树等保险。

（2）养殖业保险

①牲畜保险 牲畜保险是以役用、乳用、肉用、种用的大牲畜，如耕牛、奶牛、肉牛、马、种马、骡、驴、骆驼等为承保对象，承保在饲养使役期，因牲畜疾病或自然灾害和意外事故造成的死亡、伤残以及因流行病而强制屠宰、掩埋所造成的经济损失。牲畜保险是一种死亡损失保险。

②家畜保险、家禽保险 以商品性生产的猪、羊等家畜和鸡、鸭等家禽为保险标的，承保在饲养期间的死亡损失。

③水产养殖保险 以商品性的人工养鱼、养虾、育珠等水产养殖产品为承保对象，承保在养殖过程中因疫病、中毒、盗窃和自然灾害造成的水产品收获损失或养殖成本报失。

④其他养殖保险 以商品性养殖的鹿、貂、狐等经济动物和养蜂、养蚕等为保险对象，承保在养殖过程中因疾病、自然灾害和意外事故造成的死亡或产品的价值损失。

Q10 如何进行农业市场调研？

创业者为准备农业创业所做的市场调查，一般可分为两个阶段。第一阶段主要是针对创业的可能性做范围广泛的调查，最终作为创业意向决定参考之用，重点在于预定营业额及企业规模的确定，所以此阶段的内容应涵盖调查企业地区的市场特性，同时还要对该地区的大致情形有所了解。第二阶段主要是根据第一阶段的结果，对消费者生活方式做深入的研讨，作为决定创业具体的营业方针的参考，重点在于企业具体的商品构成、定价及促销策略的确定，所以此阶段应该提供深入分析消费生活方式及确定企业格调等方面的基础资料。

创业者准备创业之前，对于该地区内的各种条件，诸如消费购买能力、竞争者的营业状况等，必须经由调查结果，进行研究分析，以作为设店时营业额预测及决定创业规模的参考。

利用调查结果将企业整体的经营策略、经营收益计划、设备资金计划、经营管理等各方面作整体性比较分析与修正，从而使创业决策的失误降低到最小。

Q11 你已为农业创业准备好了吗？

农业创业者在开始创业前，可以先填写"农业创业计划实施自检表"（表1）。如果发现答"是"的较多，可以考虑创办你的农业企业了。如果发现答"否"的较多，你就需要认真思考了，或从创业的最初阶段重新开始。

表 1　农业创业计划实施自检表

问　题	你的评价	
	是	否
你决定出售什么样的农业产品或提供什么样的农业服务		
你知道你的顾客是谁吗，他们在哪里		
你知道谁是你的主要竞争对手吗		
你知道你的竞争对手的长处和不足吗		
你选择好农业企业开办的地点了吗		
你预测过自己企业的销售情况吗		
你制定了产品或服务的销售价格了吗		
你决定使用哪种销售方式了吗		
你决定了使用的促销方式，并知道自己的促销需要多少钱吗		
你决定雇用什么样的员工了吗		
你知道对你的企业有用的法律都有哪些吗		
你已经选定了某种农业企业法律形态了吗		
你决定为你的农业企业参加农业保险了吗		
你的企业在未来一年中需要的启动资金是多少，你能筹到这些资金吗		
你制订了未来一年的销售计划、成本计划和现金流量计划了吗		
你预测了你的农业企业第一年的销售量和销售收入了吗		
你的企业在第一年中有利润吗		
你对自己创办农业企业有信心吗		

农业创业项目选择

四

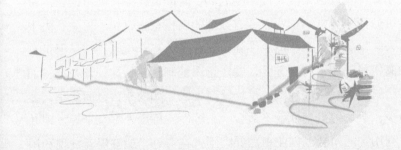

Q1 农业创业要看准商机，那什么是商机？

商机就是商业机会，是可以赚到钱的机会，是创业的一个方向、一个构想。对于创业者来说，商机至关重要，谁先得了先机谁就掌握了主动权。

Q2 商机具有哪些特点？

商机具有经济性、时间性、地域性、平等性、关联性、隐藏性。

经济性，商机可以给创业者带来利润。在经济上，商机无论大小，都可以带来或大或小的利润。时间性，商机一纵即逝，机会可遇而不可求。创业者要有强烈的商机意识，机不可失，失不再来。地域性，商机适应性强，在许多地方都可以存在；但是有的商机只适用于特定地区，要注意因地制宜。例如，开办草料加工厂就适合在地域开阔、草场繁茂地区，如内蒙古；而北京人多地少，草场覆盖率低就不适合。平等性，每个人都有平等发现并且利用它的机会。创业者需要比别人看得远，能够提前发现和识别商机，及时准确地把商机转变为财富。创业者越早、越准确地发现商机，创业成功的概率就越大。关联性，在日常生活中商机是普遍存在的，旧的商机消失后，也会有新的商机出现。同时，一种商机的出现会带动相关联的其他领域发展。隐蔽性，虽然商机时刻都存在，但是不是人人都能发现商机，要发现商机，创业者需要有"先人一步"的意识。

Q3 如何培养发现农业创业商机的能力？

商机时时刻刻存在于日常生活中，关键在于有一双慧眼，能够发现商机。培养发现创业的能力，首先，创业者应该养成勤于学习、细于观察、善于思考的习惯，努力克服自身的惰性。其次，创业者要养成市场调研的习惯；再次，要有独特的思维方式，大胆进行思维创新；最后，在培养发现商机能力应该做到"四多"：多看、多听、多想、多角度思考。总之，就是读万卷书，行万里路，把自己所学所知与实际操作紧密结合起来。

Q4 如何把农业商机转化为财富？

商机转化为财富通常要满足"6个适合"。

（1）适合的产品和服务　这要求创业者生产市场需要的产品，也就是，顾客需要什么，我们生产什么。

（2）适合的客户　创业者要搞清楚自己创业的客户定位，是面对低端消费者、中端消费者或是高端消费者，这样才能预算产品成本。如果面对低端消费者，若产品成本过高，价格也相应提高，消费者肯定是没有能力购买；再如用生产成本过低、品质一般的产品对应高端消费者，他们肯定也是瞧不上且不会购买的。

（3）适合的价格　价格选择与客户定位同理，要清楚自己生产成本和消费群的购买能力，从而制定合适的价格。

（4）适合的时间　农业创业应选择适合的时间，讲究"天时"。

（5）适合的地点　农业创业尤其讲究因地制宜。

（6）适合的渠道　创业最难的不是创业的过程，而是有了产

品后的销售过程。特别是涉及农产品的创业，在一定程度上，销售渠道的宽窄决定了创业的成败。

Q5 农业创业机会的来源有哪些?

（1）**环境变化** 变化就是农业创业机会，环境变化是农业创业机会的重要来源。在当今这个复杂动态的经济环境中，蕴藏着各种良机，比如，产业结构调整带来了新的发展契机：中国的三大产业，特别是第三产业的发展，为服务行业提供了许多发展机会。再如，顾客消费观念转变带来了新商机。主要的变化方面包括宏观经济政策和制度变化、社会和人口结构的变化、技术变革等。

（2）**顾客需求** 公司存在的根本目的就是为顾客创造价值，赢得利润，创业源于顾客需求一直都是真理。因此，农业创业机会就是顾客正在面对的问题、想要解决的问题以及顾客新增的需求。创业者在寻找创业机会的过程中，需要更多地关注"蓝海"市场——当今还不存在的产业，以从还未了解的市场获得更多的创业机会。

（3）**创新变革** 新的发明创造，新的技术革命，一般都会带来具有变革性、超额价值的产品和新服务，随之而来的是无处不在的农业创业机会。

（4）**市场竞争** 市场竞争是创业机会的重要来源。

Q6 创业机会可以分为哪些类型?

（1）**问题型创业机会** 它是指针对顾客现在的需求、还没有解决的问题从而产生的实际创业机会。

（2）**趋势型创业机会** 它是指针对环境动态变化、对顾客潜在需求预测从而产生的未来创业机会。

（3）**组合型创业机会** 它指的是针对环境变化、顾客需求、市场竞争等因素，为顾客创造新的价值，通常由多项技术、产品或者服务组合形成的创业机会。

Q7 农业创业项目如何选择？

有句俗话说得好，"男怕选错行，女怕嫁错郎。"对于创业者来说，选错行业，在一定程度来说就如同掉入沼泽，陷入进退两难的境地。所以在创业前，我们一定要选好行业。那么如何进行创业项目选择呢？首先，创业者在选择创业项目时要选择适合自己的项目；其次，要充分考虑国情和当前中央的大政方针；再次，选择市场前景较好的项目，然后从实际出发，小本经营做起，不贪大求全；最后，要选择潜力较大的项目。创业者初次尝试介入某个项目时，量力而行，从小做起，稳定发展后再做大做强，切记"贪多嚼不烂"的道理。"船小好掉头"，即使出现失误，也有挽回的余地。

Q8 什么是市场需求？

市场需求表现为现实需求和潜在需求。

现实需求就是消费者愿意购买并且买得起的需求。例如，一户农民想要买鸡蛋，并且也能够买得起鸡蛋，这就是现实需求。

潜在需求就是消费者愿意购买但买不起，或者买得起但不愿购买的需求。例如，一户农民买得起鸡蛋，但是自家养了鸡，便不再购买鸡蛋就是潜在需求；一个人想买一辆豪车，但是没有足够的钱，这也是潜在需求。

与潜在需求相比，现实需求更易于发现、易于满足。消费者的潜在需求不易发现，存在隐蔽性，不易满足。因此，独具慧眼的创业者从潜在需求中更易于发现商机。

Q9 如何选择市场前景好的行业？

创业者在选择项目时应该先看看市场需要什么，需要多少，有什么特点，市场的潜力有多大等。市场是由消费者、购买欲望和购买力 3 个要素构成，需要从这 3 个方面着手分析。

农业创业项目要避免盲目跟风，不要一听说什么挣钱就立即干什么。就从事农业生产来说，市场调节价格有一定的滞后性，而且农产品有固定的生产周期。今年种植大蒜挣钱，等到明年创业者准备投入时，种植成本可能提高，而且下一年的收成不一定高，一年的生产周期大蒜单价变化的可能性太大。

Q10 如何选择市场前景好的项目？

中国古代的"兵圣"孙子曾说："知己知彼，百战不殆。"这一理论在现在社会同样适用，也同样适用于现在的创业。创业者在确定项目前要做相应的市场调查。市场调查主要调查市场的环境、需求、消费者及竞争者。

（1）市场环境调查

①市场政治环境调查　主要是与目标市场相关的国家各项路

线、方法、政策、法律法规等对市场活动的影响。

②市场消费环境调查　主要是目标市场上的消费者数量、收入水平、消费水平、购买力、消费习惯、交通等。

③社会文化环境调查　主要是目标市场上消费者的文化水平、性别、年龄、社会教育水平、民族与宗教、社会价值观等。

（2）**市场需求调查**　是市场调查的核心内容。主要包括市场需求总量及构成；各种商品的需求数量、质量、品种；各种商品的需求地点、时间和购买习惯；各种商品需求的满足程度；市场需求的影响因素等。

（3）**消费者调查**　主要调查消费者的购买动机、何时购买、何处购买、谁负责购买、如何购买等。

（4）**竞争者调查**　主要是分析竞争对手的优势和劣势，通过分析比较，找出自己的优势和不足。

Q11 市场调查有哪些方法？

市场调查的 4 种方法分别是观察法、询问调查法、网络调查法及分析法。

（1）**观察法**　就是通过销售现场直接观察和记录消费者的态度、行为和习惯，对创业项目的市场前景进行分析的方法。农业创业者可以去大集、超市、批发市场现场记录。

（2）**询问调查法**　就是通过询问消费者的方式获取市场信息，判断创业项目市场前景的方法。农业创业者可以通过面对面访谈、书信来往、电话访问等方式进行调查。

（3）**网络调查法**　就是通过在互联网上查询市场信息，也可以把设计好的调查问卷放在网上，由上网者填写来获得市场信息，

以判断创业项目的市场前景。

（4）**分析法** 就是根据对市场的调查和自己的经验对创业项目的市场前景进行分析、判断的方法。分析法需要获得大量准确的信息，主要从大众媒体、政府相关文件和企业手册产品说明书这3种途径获得大量、准确、全面的信息。

Q12 如何衡量选择的农业创业项目是否适合自己？

创业者可以从以下7个方面来衡量创业项目是否适合自己。

（1）**是不是自己所熟悉的行业** 创业者最好在自己熟悉的行业中选择项目，不熟悉的行业尽量不进入，如果考虑进入，要吸收熟悉该行业的伙伴一起进入。当然，经过一段时间的学习考察，掌握了该项目的运作要领后也可以选择进入。有的人采用先打工再创业这种方法是个不错的选择，通过打工学习技术，摸清门道，了解行情，熟悉客户并与他们建立良好的沟通，为将来自己创业打基础，用别人的舞台唱自己的戏。例如：人们只知道温州著名的鞋企奥康集团（年产值40多亿元，员工超过2万多人）董事长兼总裁王振滔是3万元起家的，但很少有人知道他在起家前是给温州另一著名鞋企打工的。

（2）**选择自己喜欢的行业** 兴趣是最好的老师，选择自己喜欢的行业才有创业激情。对于创业者来说，做自己喜欢的事情能够带来无穷的乐趣与动力，激发自己的潜能、创新意识和创造能力。

（3）**选择自己擅长的行业** 每一个人都有自己的特长和擅长做的工作，有人说自己没有特长，那是因为他的特长没有被发现、不善于去利用。立足自身的实际，创新思维，你就能够发现自己的所长。

（4）选择一个自己人际关系好的行业　中国是一个比较重人际关系的国度，人际关系在事业发展生涯中占有很大的比例，良好的人际关系能帮助你获得事业的成功。每一个创业者都要分析自己在哪个行业有比较好的人际关系，当然建立良好人际关系的基础是诚信和对对方的尊重，善于沟通是建立良好人际关系的关键。当然良好人际关系也可以在创业之后再逐渐地建立。

（5）选择发展前景好的朝阳产业　一个行业一般都有形成期、成长期、成熟期和衰退期，处在形成和成长时期的行业称为朝阳行业；处在下降衰退时期的行业称为夕阳行业。朝阳行业和夕阳行业是相对的，并有时间和地域的限制。某行业在一个地方（或时期）处在夕阳时期，换到另一个地方（或时期）可能就是朝阳时期。判断一个行业是朝阳行业还是夕阳行业，要结合时间、地点等具体情况来分析。一般地，农业、服务业、商业等领域在相当长的时期内都表现为朝阳产业。

（6）明确自己所选择的项目核心竞争力在哪里　简单地说，核心竞争力就是绝活，就是不同于别人并高于别人的地方。分析一下自己的核心竞争力有哪些、在哪儿，说不定就能找到创业项目。要采用"人无我有，人有我优，人优我特，人特我新"的策略。比如，就目前来说，菜农的技术和产能都处在中等严重偏下的水平，以色列西红柿每公顷产量可以达 750 吨，寿光有经验的菜农可以达 225 吨，但其他地方的生产水平一般都在 75 吨以下。可以说，在种菜领域，竞争还很不充分，还有相当大的产能提高空间，因为这个领域参与竞争的基本都是经验和知识都不充分的农民，由于土地流转相对困难，很少有强大经济实力的大公司能够参与到这个领域，这个领域极其适合掌握新型农业技术的年轻农业创业者。因为我们的竞争对手很弱小，较容易通过技术和知识的进步成倍提高产量，以获得相应的利润。

（7）**选择合适的合作伙伴** 在选择合作伙伴时，一般要考虑自己的合作伙伴能否和自己形成能力互补、资源互补，还有兴趣是否一致，性格是否合得来，这也是保证创业成功的关键。

Q13 如何选择农业创业项目以因地制宜地发挥当地优势？

选择项目要因地制宜，立足当地的自然、经济、社会等基本情况，并且要结合自己的实际情况。

根据我国地域辽阔、自然资源复杂多样、城乡经济社会发展不平衡的现状，可以得出结论：在我国，对于很多产品（项目）而言，大多是在城市先产生、发展和成熟起来，随着城乡统筹和新农村建设的逐步深入，农村经济、社会的不断发展，这些项目也会逐渐向农村辐射和发展。这就会带来巨大商机，就能够挖掘出非常多的创业项目。

简单地说，城市地区市场的昨天、今天，就是农村地区市场的今天、明天（即城市项目下乡）。目前来看，城市居住着大多数消费者，因此城市需求即市场需求，而城市需求会辐射至农村，最终成为农村需求。所以，找项目就要紧盯城市的发展，经常带着发现的眼光到城市里去转、去看，确定哪些项目适合在农村发展。

Q14 当前比较热门的现代农业创业项目有哪些？

当前适合农业创业的项目主要有以下 7 类。

（1）**农超对接** 农户通过专业合作社直接将自己的产品卖到

超市、社区或农贸市场，减少了批发商这一中间环节，减少了成本，让市民得到实惠，农户还可以把优质农产品适当提高价格，既增加自己的收入，又可以掌握市场需求信息。

（2）优质健康产品（绿色食品）的生产与销售　21世纪的主导食品是绿色食品。随着生活水平的提高，人们越来越注重保健和养生，满足健康需求的商机无限。特别是优质健康农产品（绿色食品）迎合市场发展和人们消费需求，市场占有率越来越高，具有巨大的发展前景。此外，一些提倡健康饮食的餐馆也将成为新的消费需求热点，蕴藏着丰富的商机。绿色食品开发与生产、净菜公司、药膳馆、素菜餐厅等成为新的创业方向。

（3）亲子农庄　近年来，亲子农业市场异常火爆。城市家庭，平时生活节奏快，工作压力大，而且随着城市化进程加快，越来越多的城市孩子缺乏亲近大自然的机会。亲子农业的"回归大自然，享受原生态"，受到家长和孩子的无比喜爱。"亲子农庄"的出现不仅能让他们缓解生活、学习压力，接触大自然，增加生活情趣，还能让父母与孩子一起劳动、一起学习、一起玩乐，增进与孩子之间的感情。亲子农庄那种原生态的环境、非城市化的设施和玩具给家长带来了欢乐、放心，且拥有低成本的盈利模式和高消费的人群，未来发展潜力巨大。亲子农庄的建设要求应是集趣味娱乐、农耕体验、科普教育、亲子互动以及绿色生态种植、养殖为一体的新型创意农业园。

（4）养老保健基地　老龄化社会将带来巨大商机，为老年人提供特定商品、设施和服务的老龄产业将会有大的发展，如老年卫生保健服务业、老年家政服务业、老年日常用品制造业、老年人寿保险及理财、老年特色旅游业、老年教育产业等。

创业者可将农村中闲置的房屋收购（或租赁流转，也可让房东入股）进行装修，再在周边搞一些配套设施，整理出一片菜园，租赁给城市老人养老，让体质健壮的老人住在山清水秀、空气消新的农村种菜、养鸡，能为他们的身心带来健康。同时还要看到其背后潜在的商机，如他们还会介绍亲朋好友加入自己的行列，他们的晚辈会来看望。我们可以借此发展周边的采摘、体验游等。

（5）**托管式家庭农场**　在我国台湾有市民农园，其运作模式为：将位居都市或其近郊的农地集中规划为若干小块，再分别租给市民栽种花草、果蔬或经营家庭农艺，其主要功能在于提供土地与耕种技术给一般都市居民，让都市居民也可享受耕作乐趣，体会农业生产经验。市民农园依不同对象，一般分为家庭农园、儿童农园、高龄农园及特殊农园。

我们还可以结合市民追求绿色农产品的心理，将土地租给市民种植农作物，市民可以自己种植管理，也可以委托管理，我们把它称为托管式家庭农场。农场经营人员还可以按照租赁者的要求，适时地将收获的农作物寄送到指定地点。如果能按照亲子农庄的思路，在农地里安装视频探头，让租地者通过网络或手机实时看到自己的农作物生长情况，会更受欢迎。

（6）**农产品电子商务平台**　农产品通过网络销售成为必然趋势。农产品电子商务发展十分迅速，前景十分乐观。2017年10月3日，农业部部长韩长赋提出要培育农村电子商务等新产业。然而，农产品电商亏本运营却是行业现状。因此，如果想搞农产品电商创业，除了要解决技术层面的难题，还要解决资金持续投入问题，而且目前还存在较大风险。

（7）**特色小镇、田园综合体**　特色小镇是浙江省的产物。2016年，住建部等三部委力推，这种在块状经济和县域经济基础上发展而来的创新经济模式是供给侧改革的浙江实践。随后全国各地特色小镇建设规划蜂拥而至。

2017 年，田园综合体被写进中央一号文件。田园综合体是集现代农业、休闲旅游、田园社区等为一体的综合发展模式，是在城乡一体化的格局下，顺应农村供给侧结构改革、新产业的发展，结合农村产权制度改革，实现中国的农村现代化、新型城镇化、社会经济的可持续发展的模式。

农业创业计划书

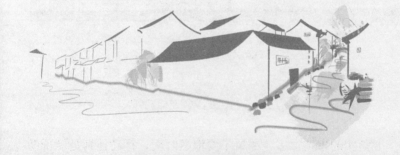

Q1 **农业创业开始时需要做什么？**

现在你已经决定要创业了，但还停留在纸面上。在和顾客实际打交道之前还有很多工作要做，做这些事要有章法，按部就班，所以你要制定一份行动计划（表2），清楚有哪些工作要做，由谁来做，以及什么时候完成。把要做的事情列一份清单，例如，选择合适的营业地点；筹集落实启动资金；办理企业登记注册手续；接通水电、电话；购买或租用机器设备；购买存货；招聘员工；办保险；宣传你的企业等。

表2　农业创业行动计划表

需要采取的行动	由谁来做	时间安排

要落实的事情很多，尽量不要浪费时间，行动计划是能帮助你安排任务的最简单有效的方法。计划要严谨，避免有遗漏。

Q2 **什么是农业创业计划书？**

农业创业计划书是公司或者项目单位为了达到招商融资或者其他发展目标的目的，在前期对项目进行科学调研分析的基础上，针对与企业项目有关的所有事物进行全方位安排的书面记录，包括商业前景展望，人员、资金、物质等资源的整合，以及经营的思想、战略等，是为企业制定行动指南的规划。

Q3 为什么要编写农业创业计划书？

编写农业创业计划书主要有两方面的原因。第一个原因是创业计划书可以促使创业者系统地思考新创业的各个因素。详细的创业计划书的编写通常会花上数日或者数个星期才能完成。第二个原因是创业计划书是企业的推销性文本。作为推销性文本，创业计划书的编写有助于为新公司创造可靠的企业形象。

案例

假设你是一位知名的投资商，拥有足够多的流动资金投资一家新的企业。一次，你应邀参加某高校举办的创业大赛，并与众多参加比赛的大学生进行了非正式的商务洽谈，在洽谈的过程中，你发现有两个风头项目值得你深入了解。你先联系了第一位参赛学生，要求他提供创业计划书的副本，他告知你没有准备创业计划书，但是主动邀请你共进午餐，和你详细说明他的创业想法。之后，你又联系了第二位参赛者，同样和他索要创业计划书的副本。这位参赛者随即向你提供了详细的创业计划书副本，以及创业的核心问题PPT演示文稿。这样，你迅速地了解到第二位参赛者的创业项目核心内容，最终你决定投资第二位参赛者。

在这个例子中，创业计划书就起到了推销性文本的作用，在最短的时间内，迅速把创业者的思想、计划详细地传达给投资者，从而吸收了风投资金。

Q4 农业创业计划书有哪些功能？

农业创业计划书有 3 个功能。

（1）**沟通功能** 对于创业者来说，创业计划书就如同我们日常使用微信和人交流一样，能够清楚地表达自己的愿望诉求，与投资人进行必要交流的最佳沟通工具。创业的项目价值、创业前景、实现计划等重要信息，都可以经由创业计划书这种形式向融资对象全面地展示出来。

（2）**管理功能** 创业计划书可以指导创业者经营企业发展的各个阶段，特别是在创业的过程中，创业者可以根据创业计划书来查看监督业务流程，然后分析发现实际成果与创业计划书中的目标成果之间的差距，及时准确地调整自己的策略与经营方法。

（3）**承诺功能** 创业计划书一般会作为创业者和投资人签署合同的附件，因此，在法律上，创业计划书将作为创业者对投资人的一种承诺；另外，创业计划书也体现了核心领导者对于团队成员的承诺，尤其是未来的发展定位、行动方案等。创业计划书作为一种承诺可以避免出现朝令夕改的问题。

Q5 成功的农业创业计划书有哪些特征？

通过对大量成功的农业创业计划书进行分析，我们发现它们都具有一些相同的特点。

（1）**内容完整**　创业计划书要包括全部或者核心的构成要素才能叫内容完整。

（2）**亮点突出**　创业计划书的目的是为了吸引资金，这就需要突出亮点，在投资人阅读创业计划书时能够一下子吸引他们的注意。所以，创业计划书要重点突出自己项目的特色、商业模式的特色、项目的价值。

（3）**逻辑清晰**　创业计划书的目的是要别人清楚你想要创办一个什么样的企业，你要创办的企业有哪些优势。这需要创业者有清晰的写作思路，清楚地表达好自己的意思。

（4）**依据充分**　创业计划书讲求真实性，所有的分析结论都要有充分的依据，包括客观的调研分析数据、分析工具应用等，比如财务数据、调研数据支撑等。

（5）**主次分明**　在创业计划书的读者不同时，要做出相应的内容设计与重点安排。

（6）**可行性强**　创业计划书的可行性包括两个方面：一是商业模式本身的可行性；二是具体行动的切实可行。

Q6 农业创业计划书有哪些作用？

农业创业计划书的作用是说服创业者自己、周密安排创业活动以及说服投资者和合作伙伴。

（1）**说服创业者自己**　创业者将自己的创意以创业计划书的形式呈现出来。创业计划书有利于创业者冷静地分析自己的创业计划是否切实可行，清楚地认识到自己的创业机会是什么，明确创业方向和目标，进而合理地规划创业蓝图。

（2）**周密安排创业活动**　创业者需要对创业涉及的各个方面

进行全方位思考，包括产品开发、市场开拓、投资回报等方面。在此基础上制定翔实的运营计划，并且科学管理创业日常活动。

（3）说服投资者和合作伙伴　创业计划书的阅读者可能是投资人、合作伙伴、供应商，甚至顾客等。完善的创业计划书有利于创业者与供应商、经销商进行沟通交流，取得他们的信任，创造良好的外部环境；更有利于说服其他合作人投资、入股，增加创业基金。

Q7 农业创业计划书应该重点说明哪些内容？

农业创业计划书应该主要说明未来市场的发展机会、通过哪些技术或者方式抓住机会、实施的能力和条件有哪些、投资者的高额回报以及较为准确的财务预测。

Q8 编写农业创业计划书应该遵循哪些原则？

农业创业计划书编写应该遵循的原则：简明扼要、条理清晰、内容完整、语言通俗易懂、逻辑严谨周密。

Q9 编写农业创业计划书需要哪几个阶段？

农业创业计划书编写主要有准备阶段、完善阶段以及定稿阶段。

首先，准备阶段通过文案和实地调查，查阅同行业同类型企业的财务报表。形成阶段草拟创业计划书，初步形成较为完整的创业计划方案。

其次，完善阶段需要自己审阅几遍计划书、合作伙伴审阅计划书，有条件的可请专业人士帮忙修改。

最后，定稿阶段要完成创业计划书，并制成创业计划的正式文本。

Q10 编写农业创业计划书应该注意哪些问题？

编写农业创业计划书应该力求表述清楚、简洁；关注市场、用事实说话；解释潜在顾客为什么会购买你的产品或服务；站在顾客的角度考虑问题；充分说明为什么你和你的团队最适合做这件事；请人试读并提出建议。

Q11 编写农业创业计划书必须避免哪些问题？

编写农业创业计划书必须避免对市场过分乐观，对经营困难估计不足；数据没有说服力；以自我为中心，对行业的市场状况缺乏分析；不分析竞争对手的情况，忽视竞争威胁；选择进入的是一个拥挤的市场；创业计划并不专业，如缺乏应有的数据、过分简单或者冗长。

Q12 农业创业计划书的主要内容有哪些？

每一份农业创业计划书都不尽相同，但都会包括以下主要内容。

（1）计划摘要 摘要要尽量简明、生动。计划摘要一般包括以下内容：企业介绍、主要产品和业务范围、市场概貌、营销策略、销售计划、生产经营计划、管理者及其组织、财务计划、资金需求计划、农业创业项目的支持政策等。

（2）**企业简介** 企业简介主要包括企业名称、地址、联系方法等；企业的自然业务情况；企业的发展历史；对企业未来发展的预测；本企业的竞争优势。

（3）**产品或服务** 产品（服务）的介绍应包括以下内容：产品的概念、性能及特性；服务的对象、范围；主要产品或服务项目介绍；产品（服务）的市场竞争力；产品的研究和开发过程；发展新产品（服务）的计划和成本分析；产品（服务）的市场前景预测；产品的品牌和专利。

（4）**人员组合** 有了产品之后，创业者还要做的就是组建一支有效的创业人员队伍。一个企业必须要具备市场营销、生产作业、财务会计等方面的专业人才。

（5）**市场预测** 市场预测应包括产品或服务的市场现状综述，竞争对手概览，目标顾客和目标市场，本企业产品或服务的市场地位、市场区域和特征等内容。

（6）**营销方案** 在创业计划书中，营销方案应包括以下内容：市场机构和营销渠道的选择、营销队伍和管理、促销计划和广告策略、价格策略。

（7）**生产或服务计划** 主要描述生产或服务的设备要求、厂房要求、人力资源要求、技术要求、进度要求、原材料要求、质量要求等方面的问题。

（8）**投资预算及利润分析** 投资预算要分项列出建设或租赁厂房或店面房的总价、生产或经营设备的总投资、为创办企业应缴的各种费用、创业产品的原材料价格、生产工人和管理人员的工资、流动资金、不可预见支出等。利润分析要说明投资者如何收回投资、什么时间收回投资、大约有多少年收益等情况，包括利润对投资额、经营成本和销售收入发生变动的影响分析。

（9）**风险预测**　风险通常包括技术风险、市场风险、管理风险、财务风险、政策风险、自然风险以及其他不可预见的风险。

（10）**工作进度安排**　工作进度安排表包括做好市场调查，确定创业的产品或服务，进行产品、服务及包装的设计，选择厂址，购置生产设备，招聘员工，制作广告并创意促销方案，领取营业执照，银行开户，税务登记，开业仪式等内容。执行时间可以交叉安排。

创业计划书的制定是一个不断调研、不断完善的过程，它可以帮助创业者记录许多创业的内容、创业的构想，能帮助创业者规划成功的蓝图，而整个创业计划如果翔实清楚，对创业者或参与创业的伙伴而言，也许更能达成共识、集中力量，这无异帮助了创业者向成功迈进。

案例

××生态农业有限公司创业计划书

第一章　计划摘要

公司名称：××生态农业有限公司

联系地址：××市××区××镇××村

联系人：×××

联系电话：×××

本公司集养殖、种植及销售为一体，总占地面积 90 亩

（1 亩 ≈ 667 平方米）。其中，小龙虾养殖占地 40 亩，速生菜种植占地 50 亩。其所有产品均销往 ×× 市及周边地区，员工 15 人。

本公司建立在美丽的潕水河畔，远离工业和生活污染，坚持以绿色环保理念生产，严格地对农药、化肥及饲料把关。所生产的小龙虾个大、颜色红亮、味美可口。所种植的蔬菜品质优良，食用安全。

随着国际国内市场对绿色无公害食品的需求量大增，加之政府对生态农业发展有很多优惠政策，公司将实行滚动发展，扩大生产规模，实行产业链延伸，通过发展相关产业带动地域经济发展。

计划到 2021 年，公司将发展到占地面积 200 亩，年销售总额 200 万元，员工 30 人。

第二章　公司概况

1. 公司简介

×× 生态农业公司地处 ×× 市 ×× 区 ×× 镇 ×× 村。2016 年 8 月 18 日经 ×× 市 ×× 区工商行政管理部门登记注册成立，注册资金 5 万元，实际到位资金 3 万元，其中现金 2 万元。

公司主要以养殖、种植及销售为主。养殖的主要项目是小龙虾，规模 40 亩；种植的主要项目是速生菜，规模 50 亩。其所有产品销往 ×× 市及周边地区。公司员工有 15 人。

本公司的成立将带动本地群众种养观念的更新、经济效益的提高，也给城区菜篮子提供了一份保障。

2. 公司成立背景

公司原是散户经营，种植和养殖不成规模，效益不明显。自公司成立后，集约土地资源，统一引进优良品种，扩大种养规模，改变种养模式，得到政府农业部门的大力支持。

3.公司的经营方针、发展战略

依托科研机构，集中专家智慧，开发绿色种养模式，造福人类社会。公司的口号是，以最小的土地面积和资源，创最大的经济效益。公司以绿色环保生产为宗旨，以市场需要为主导；以商业诚信为基调；以行业创新为理念；做强做大绿色城郊农业为目标。为取得社会效益与经济效益的双赢，公司加强了以下几个方面的工作。

①整合已有资金和土地资源，充分利用好、管理好。

②抓好品种的创新，提升产品质量。

③在品质不断提高后，争创优质品牌。

④提高员工素质，加强技能培训。

4.公司人员及外部支持

①公司经理。××，男，40岁，1998年起从事养殖和种植业并取得较好的经济效益，多次被农业部门选送农校培训，为人精明强干，性格谦逊，管理能力强，对所从事行业非常熟悉，有一定的人格魅力。

②公司副经理。××，男，35岁，年轻力壮，富有朝气，头脑精明，具有开拓精神，特别在营销方面很有能力。

③公司其他人员情况。公司现有员工15人，平均年龄40岁，其中管理人员2人。男性员工10人，女性员工5人，他们都是种养行业的能手。

第三章　产　品

1.产品介绍

①小龙虾。随着人民群众生活水平的不断提高，食品种类的不断丰富，小龙虾是被广大市民及国际人士认可的味美且营养丰富的一种食品。因此，小龙虾市场需求越来越大，养殖经济回报率高，一直以来都被养殖户看好。

②薸菜、竹叶菜等速生叶菜，种植周期短、茬口多，能

及时轮作和及时补充市场需求，效益可观。

2. 产品特点

①本公司建立在美丽的滠水河畔，远离工业和生活污染，坚持以绿色环保为理念生产。

②严格地对农药、肥料及饲料进行把关，生产出的小龙虾个大、颜色红亮、味美可口。蔬菜品质优良，食用安全。

3. 行业和市场

①行业介绍。××省是我国中部的农业大省，是中部崛起战略的中心省份，而××市是中部崛起的支点城市，因而××市的快速发展成为中部地区，尤其是××省发展的重要标志。××市作为××省最大的城市，在××省占据重要的经济地位，它的发展速度和程度可以直接为周边城市提供参照和机遇，发展农业产业化是××市解决"三农"问题的重要支点。同时，××市相关产业的发展不仅可以为当地人民带来福利，还可以拉动周边城市相关产业的发展。因此，都市农业的发展，特别是种养行业成为政府大力支持和大力扶持及推广的行业。

②市场介绍。××市作为一个特大的城市，不仅常住人口多，而且流动人口也多，食品需求量非常大。本公司距市区不到10千米，市场行情信息畅通，绝大部分产品直接销往市区。

第四章　人员组合

1. 人员组成

经理—副经理—员工。

2. 人员职责

经理：负责管理公司全盘。

副经理：负责具体业务操作领导。

员工：所有员工服从组织安排，并办好分内每一件事。

3. 人力资源规划

本公司至 2021 年，副经理 3 名，员工达到 30 人。

4. 培训计划

有计划地进行系统培训，不断提高员工业务水平，比如岗前培训、业务培训、专业进修等。

5. 激励机制

按劳计酬，实行绩效与奖金挂钩机制；组织学习机制；报销本公司分内开销机制；评先进模范机制等。

第五章　市场预测

1. 市场分析

本公司的小龙虾有 50% 销往 × × 市新世界水产品市场，约 5 000 千克，金额 10 万元；50% 直销 × × 酒店，约 5 000 千克，金额 10 万元。

本公司速生蔬菜 80% 销往 × × 蔬菜大市场，约 35 万千克，营业额为 56 万元左右；20%（约 9 万千克）于本地直销，营业额为 18 万元。

2. 市场的形成背景和发展速度及推动因素

本公司地处 × × 市城郊，养殖小龙虾和种植蔬菜，其市场非常大而且稳定。

国际市场：欧美市场每年需消费淡水小龙虾 12 万～16 万吨。而我国小龙虾每年出口一直保持在 2 万～3 万吨，因此淡水小龙虾的出口大有可为。国内市场：淡水小龙虾在国内消费非常火爆，尤其以江苏南京最盛。"十三香龙虾""水煮龙虾""手抓龙虾"称誉大江南北。而 × × 市的"油焖大虾""虾球"等各种吃法也遍布整个城区。每年 6～10 月，仅南京每天消费的小龙虾可达 7 080 吨，这种消费形式正向全国大中城市蔓延。从目前国内形势看，小龙虾的销售量在 8 万～10 万吨／年。目前我国生产的小龙虾主要是克氏蟹虾，产量不高，但价格逐年上升。2012 年市场零售 4 ~ 6 元／千克，2017年涨至6 ~ 9元／千克。预计以后还要上涨。

速生叶菜生长快速，能填补季节菜断档的空白，因而生产销售也一直非常好，价格也很可观。

综上分析，本公司发展生产至 2021 年，养殖、种植面积都要在公司成立初期的基础上翻一番。

第六章　营销方案

①公司是独立经营性质，实行"贴近终端、服务营销、综合经营"的策略，快速做大做强。充分整合企业与市场资源，让利于民，实现市场的持续发展。创建服务营销为主题的营销模式，实现较高的市场增长率。

②以改善品质、发展品牌来提高知名度。

③坚持绿色环保生产，实行质量跟踪和责任追究制度。

第七章　生产计划

1. 生产控制

①小龙虾生产过程：整理虾池—放养种苗—饲养管理—捕捞—销售。蔬菜生产过程：整理上地—选种—育苗—栽培—管理—采摘—销售。

②成本控制。公司采用小龙虾养殖饲料与天然草料混合饲养，蔬菜种植大量使用自然农家肥等控制成本。

③质量控制。公司将坚持绿色环保为理念，坚决抵制激素饲料和违禁农药的使用，达到产品无污染、绿色无公害。

2. 生产类型

①小龙虾生产技术。虾池底部挖成"井"字形，宽1米，深1.5米，并在池内设许多浅滩，以利于龙虾产卵。虾池周边加设防逃设备。

②蔬菜生产技术。建设设施大棚，搞好茬口轮作，有效利用土地，同时加强病虫害的检测和防治。

③加强员工技术培训工作。

3. 生产营业设施设备

土地微耕机 1 台，小龙虾池防逃设施、灌溉设备 1 套，小型农用运输车 1 台。

4. 供应情况

小龙虾种苗从农林科学研究所购进，饲料、蔬菜种子、肥料农药从 ×× 市场购进。

5. 技术保障

小龙虾养殖技术依托 ×× 区农业局水业部门专家作指导。实行全程记录生长情况，供专家参考指导。

蔬菜种植及病虫害防治，依托 ×× 市蔬菜技术服务总站，指导老师为高级农艺师 ×××栽培指导老师为高级农艺师 ×× 。

第八章 投资预算及利润分析

1. 阶段资金用途及金额

①虾池建设 4 万元，支付地租 9 000 元。

②种植购置微耕机、灌溉设备 10 000 元，支付地租 12 000 元。

2. 近期产出预测

①公司将在 2017—2018 年两年内组建养殖分场、种植分场以及销售单位共 3 个单位。

② 2017—2018 年两年内养殖销售额达到 25 万元。

3. 中长期产出预测

①公司到 2021 年，养殖水面达 80 亩，销售额达到 100 万元。

②种植速生菜面积扩大到 120 亩，销售额达到 100 万元。

4. 公司五年内投资和利润预测

指 标		2017	2018	2019	2020	2021	合 计
小龙虾	销售（吨）	10	12.5	15	20	30	87.5
	营业收入（万元）	15	18	21	60	100	214
速生菜	销售（吨）	250	280	350	400	500	1780
	营业收入（万元）	12.5	33.6	52.5	64	100	262.6
总收入（万元）		27.5	51.6	73.5	124	200	476.6
毛利润（万元）		12	25	39	68	108	252
人员开支（元）							
净利润（万元）		12	25	39	68	108	252

第九章　风险预测

1. 技术风险

①小龙虾养殖技术已逐渐成熟，其种苗已通过科研部门研究并养殖出比野生小龙虾更优良的品种，它的饲料广泛，生长迅速，容易饲养。

②速生菜类生产已多年，品种也在不断更新，越来越优良，本公司依托××市蔬菜技术服务总站的技术指导，对蔬菜的病虫害适时监控与防治，产品质量、产量有保障。

2. 项目实施风险

本公司项目实施得到本地各级政府的大力支持，加上市场需求不断增加，所以项目实施将顺利进行。

第十章　工作进度安排

①市场调查确定小龙虾和速生菜的销售前景。

②对小龙虾和速生菜的包装进行设计。

③选择厂址，购置小龙虾和速生菜的生产设备，招聘相关技术员工。

④制作广告并创意促销方案。

⑤领取营业执照。

⑥银行开户、税务登记。

⑦开业仪式等内容。

以上各项工作可以交叉进行。

农业创业管理

Q1 农业创业包括哪些过程？

农业创业是一个过程，大致可以分为 4 个阶段：孵化期、创业早期、创业中期、创业晚期。

（1）**孵化期**　孵化期诞生于一个人有了农业创业念头的那一刻。一些人会止步于这个阶段，也有一些创业者在这一阶段逗留很长一段时间。每一个创业者都会经历这个阶段，只是他们在这一阶段停留的时间长短不同，心理活动各异。

对于农业创业者来说，一方面，他们想着创业后自己可能获得更多的收益；另一方面，他们可能惧怕创业失败所带来的经济损失、亲朋好友的同情、敌人的嘲笑、家人要承受的心理与经济压力等。权衡之下，很多人会停留在这一步。但也会有一部分人选择后者，踏出艰难的一步——创业。千里之行始于足下，把农业创业的想法转为农业创业的行动，这个阶段是农业创业者与非创业者的分界线。

对于一名农业创业者来说，在孵化期他还必须完成的工作有：识别农业创业机会、组建农业创业团队、设计农业创业模式、制定农业创业计划、筹集农业创业资金。

（2）**创业早期**　创业早期的开始，就是创业者开门营业的那天，也就是我们俗话说的"开张"。创业者要想在创业早期把自己的生意长久地经营下去，就必须做好创建企业和管理新创企业这两件事。创业早期是一家创业型企业在成长中最不稳定的一段时间。对企业而言，在创业初期消费者对该品牌感到陌生，有些消费者甚至不知道这一新兴品牌的存在。这会导致企业的实际收入水平低于预期收入水平，并且波动幅度很大。对创业者而言，他们将会面对巨大的心理挑战。一方面会担心贫乏的业绩会持续多久，什么时候状况才能好转，明天有没有注入的流动资金等。另一方面，他们可能会想念打工的生活，特别是放弃高薪工作加入创业行列的人，他们会把两者进行比较，自己每天惨淡的生意，不但没有预期的收入高，可能还会低于打工时的月工资，有时甚至还会赔钱。权衡比较之下，之前坚定的创业决心也会逐渐磨灭。所以说，在创业早期，创业者要面对节奏快又充满未知、资源短缺与突发状况等问题。但是，这一阶段又是创业型企业在成长过程中最为灵活、最富有创意潜能的阶段。

（3）**创业中期**　现实生活中，我们很难划分创业型企业的创业早期和创业中期。但是，实际上两者有明显的不同特征。与创业早期相比，创业中期的企业雇佣的员工数量相应地增加，需要解决的人、事、物也随之增加；创业中期的企业职能划分更加专业化、细化；企业的业绩也会从之前的快速增长中放缓。这时就要创新企业核心竞争力，寻获新的元素、新的商机。

（4）**创业晚期**　世间事物瞬息万变，困难重重，能够渡过难关而达到创业晚期的企业实在是凤毛麟角。创业中期出现的企业业绩增长放缓可能在这一阶段加剧。处在创业晚期这一阶段的企业面临的主要问题就是继承人问题。就像中国古代皇帝年迈，寻找"后继之君""江山继承人"是一样的问题。目前主要有 3 种模式处置创业晚期的企业：亲属继承、交易买卖、无偿捐赠（馈赠）。

Q2 什么是创业团队？

华为创始人任正非说："一个人不管如何努力，永远也赶不上时代的步伐。只有组织起数十人、数百人、数千人一同奋斗，你站在这上面，才摸得到时代的脚。我放弃做专家，而是做组织者。我越来越不懂技术，越来越不懂财务，半懂不懂管理，如果不能充分发挥各路英雄的作用，我将一事无成。"

创业团队就是具有技能互补的创业者为了实现共同的创业目标而结成的利益共享、风险同担的共同体。创业团体是指在企业创建初期由两方或者两方以上相互补充、责任共同分担、所有权共同分享，团队成员愿意为了一个共同的创业目标奋斗，并且处在新企业高层管理位置的人共同组成的有效的工作团体。

Q3 创业团队有哪些特点？

创业团队具有以下特点：①创业团队是一个具有新价值创造与创新能力的群体；②创业团队的根本目的是为顾客创造价值；③创业团队是一个创建新企业的特殊群体；④创业团队成员之间才能互补，达到 1+1>2 的效果，即团队绩效大于个人绩效之和；⑤创业团队成员共同承担责任，共同拥有企业的所有权以及一部分成果的分享权；⑥创业团队是最高层管理团队的基础与雏形。

Q4 创业团队有哪些价值？

相对于个人创业而言，创业团队具有一些突出优势：①创业团队对于工作有共同的目标，共同分担责任；②团队的力量大于个人的力量，团队成员能力互补，认知共享；创业团队合作完成项目，提高工作效率；③创业团队思考全面，提高决策的有效性；④创业团队对于技术变革的应对能力更强，同时对于创业机会的识别、开发和利用能力也大大提高。

相对于一般群体而言，创业团队也具有较大优势：①群体中成员之间的工作很大程度上是互换性的，而团队中成员对团队的贡献是互补性的；②团队的每个成员在承担个人责任的同时也承担团队项目的成败责任，然而群体成员一般情况下只承担个人成败的责任；③团队中的绩效评估主要以团队的整体表现为依据，群体中的绩效评估则是以个人表现为准；④对于目标的实现，团体中是成员彼此协调并且互相依存完成的，群体中则主要依靠个人自己的表现；⑤团队相比较于群体在信息共享方面更加充分，角色定位与任务分工更加清晰，成员的参与度更高、决策权力更大。

Q5 创业团队由哪些人员组成？

创业团队由战略管理者、技术主管、生产主管、营销主管和财务主管组成。

战略管理者是创业团队的带头人，引导团队的创业行为，为团队设计创业路线、行为方式、行动步骤。战略管理者需要有战略眼光、有较强的创业意识和团队意识、有创新能力和凝聚能力，以及高度理性的思维和行动。

技术主管是为团队提供技术支持，主要负责技术研发、引进。技术主管需要具备较高的科研开发能力、善于发现跟踪科技发展的新动向、将科学技术迅速转化为生产力这3种素质。

生产主管是生产活动的组织者，管理团队的生产过程。生产主管需要有丰富的管理经验、超群的工艺技术，以及现场组织、指挥、协调和控制能力。

营销主管负责产品销售的管理。营销主管需要有高度的市场敏感性、善于沟通和交流。

财务主管是财务活动的组织者，负责资金的运作管理。财务主管需要有财务会计的专业知识，善于低成本高效益使用资金，工作细致，遵纪守法。

Q6 优秀的创业团队具有哪些特征？

优秀的创业团队需要有较强的凝聚力、生产部门能力互补、有带头人、公平弹性的利益分配机制及严格的管理制度。

（1）凝聚力　首先，要有共同的价值取向，团队的利益永远高于成员个人的利益。其次，成员之间能够同甘共苦、荣辱与共。再次，每位成员的价值表现在对团队贡献的大小。最后，成员之间相互信任，有利于合理分工、优势互补，最大限度地发挥各个成员的优势。交流和沟通是形成团队凝聚力的有力手段。

（2）生产部门能力互补　"人无完人""尺有所短，寸有所长"，能够充分发挥各自优势，取长补短，能力互补的团队才是优秀的团队。

（3）有带头人　带头人能够得到成员认可，并且具有强大影响力和号召力。

（4）公平弹性的利益分配机制　创业团队要建立一套公平的、有弹性的利益分配机制。

（5）严格的管理制度　制定规章制度时要注意依法建立和完善规章制度，责任、权力、义务要合理分配。权力大，相应的责任就承担得多，要履行的义务也应随之增加。

农业创业实例

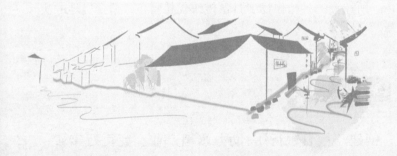

Q1 粮食作物创业有哪些内容？有什么成功案例？

粮食作物是谷类作物（包括稻谷、小麦、大麦、燕麦、玉米、谷子、高粱等）、薯类作物（包括甘薯、马铃薯、木薯等）、豆类作物（包括大豆、蚕豆、豌豆、绿豆、小豆等）等的统称，亦可称为食用作物。其产品含有淀粉、蛋白质、脂肪及维生素等。栽培粮食作物不仅可以直接为人类提供食粮和某些副食品，还可以为食品工业提供原料，为畜牧业提供精饲料和大部分粗饲料，因而粮食生产是多数国家农业的基础。

每个地方都有自己的特色，自己的自然条件。创业者在选择种植作物时，一定要选择适合当地发展的品种，因地制宜，找准特色。所选择的种植作物要具备传统优势特色，适合当地的实际情况。

案例 1

创建"粮食银行" 助力水稻产业：弃百万年薪返家乡创业

赖金武，一个壮族农民子弟，1995 年 7 月广西师范学院毕业后，先后在广西粮油食品进出口公司、广西皇氏集团销售公司任职。2015 年 1 月，他积极响应政府"调整农业产业结构，促进农民增收"的号召，放弃了上市集团百万年薪的工作，毅然返乡创办广西印象古辣生态农业有限公司。2016 年 2 月，创新推出广西首家"粮食银行"，发起设立宾阳县首家以农民土地入股的"宾阳县印象古辣农业农民专业合作社"。

回想创业当初，因为方向不明、缺乏技术，公司经营困难重重，他一直有打退堂鼓的念头，那时他真的希望能有机会参加系统的培训。2015 年 7 月，他有幸成为宾阳县唯一一名参加广西第一届现代青年农场主培育计划的学员。接受了系统培训，他重拾信心，回去后立即筹办了由 32 户社员参加的农业合作社，自己种植的香米从原来的 100 多亩扩大到 1 500 亩，合作社香米种植面积达到 5 000 余亩。由于得到了各级党委政府、自治区农业厅的支持和广西大学农学院水稻专家的深入指导，经过近 2 年的耕耘，他的公司和合作社得到了健康、持续的发展，到 2017 年 4 月，他的合作社已流转土地 1 471 亩，以土地入股合作社 19 149 亩，建立了 20 620 亩富硒香米种植基地，年产稻谷 20 000 吨。

坚定发展粮食产业　创出绿色收获

在返乡创业伊始，赖金武的父母看到自己的孩子好不容易能在广西首府干出了一番事业，取得了一些成就，而今却要回老家种田，非常生气，就反对赖金武说："我种了一辈子的田，都种不好，我不相信你就种得比我好，在南宁的工作好好的不干，偏偏想去'踩田角'！你要是回家种田，我们就没有你这个儿子了。"但赖金武仍自信地说："粮食是民生之本，人人都要吃饭，但是现在家乡水稻种植滥用农药，保证不了安全粮源给民众，我有责任去改变这一切！"因此，赖金武在从事教育事业的妻子的大力支持下开始了水稻种植的事业。

曾几何时，他夫妻俩日夜开着宝马汽车往返于南宁至古辣的都市与农村之间，深入田间和工人插秧、收割，不断耕耘。2015 年上半年，赖金武承包的 100 多亩水稻喜获丰收，但由于聘用大量的工人从事插秧、除草、驱虫、收割、晒谷、搬运等工作，庞大的人工费开支使赖金武始料不及，当稻谷生产收支账目清算出来后就吓了他一大跳：亏损20万元！就在那时，当地政府的领导视察工作经过时发现赖金武开着宝马车种田的事迹，就详细过问了此事，当时政府官员也建议说"水稻种植成本高、利润低，不如做现代休闲旅游农业，这样来得更快。"但是，遭受首年种植水稻失败的赖金武对政府将扶持的项目并不为之所动，坚持种植水稻，他相信自己能在水稻种植的道路上闯出一条属于自己的路。

首年水稻生产经营的亏损使赖金武明白了一个道理：水稻种植必须适应农业现代化，只有合作社的全程机械化生产才是出路。于是，他走村串寨，发动周边农户发起创立宾阳县首个以土地入股方式的农业农民专业合作社。2016年4月，新成立的宾阳县印象古辣农业农民专业合作社开始种植水稻1500亩，购进了一套耙田机、插秧机、收割机，开启了规模化水稻种植。

2015年6月，广西宾阳县立足古辣镇的特色和优势，提出打造"宾阳'古辣香米'产业示范区"的规划，着力用工业化的发展思路，通过加大土地流转，采用标准化种植、循环种植、立体种养，扩大"古辣香米"的产能产量及品牌的知名度与影响力，促进乡村休闲生态旅游业的开发，创建自治区乃至国家级的产业示范区。借此契机，赖金武趁势而上，2016年2月初，他增加投资800万元，建设广西宾阳县印象古辣香米立体种养高标准农田基地，位于南宁市市级现代特色农业示范区——宾阳万顷香米产业示范区中心，属于核心示范区。示范区有500亩高标准农田、300亩立体种养基地，并科学规划分区，选择优良品种进行生物工程集成，形成田面种稻、田间养鸭、水体养鱼的立体循环种养生态系统，实现"一水两用、一地双收"，既提高稻田综合生产能力，又进一步打造形成高品质"古辣香米"品牌。他还依托中国农业大学、华南农业大学、广西大学农学院，共建"产学研"基地，进一步建立了农药登记农药田间药效试验基地、农药登记农药残留田间试验基地，以科技为支撑，确保公司产品质量安全、推动农业产业健康发展。他说："作为吃'古辣香米'长大的人，维护香米的品质，推广香米的品牌，就要从种植源头到产品销售，每个环节都掌控，从田园到餐桌，全程可追溯。"这就是他坚持、坚守的理由。

运营"粮食银行" 助力水稻产业

粮食银行模式是综合的六次产业，通过农业生产向二三产业延伸，促进一二三产业的相互融合，形成生产、加工、销售、服务一体化的完整产业链。从土地流转、作物种植、田间管理、收割、储存、加工、销售等环节，粮食银行都可以深度介入，打通各环节，形成完整的产业链，农民生活消费、生产消费与粮食银行实现了无缝对接，也就是粮食银行模式把为农民的服务嵌入到农民的生产、生活之中。

为了做好水稻生产、加工、销售、服务一体化的完整产业链，2016年3月，赖金武再度投资300万元，建设"粮食银行"，借鉴银行存储功能和经营管理理念，为农民提供水稻现代化集中仓储服务。

"粮食银行"，通俗地说，就是当地农户将自己的稻谷以实物形式寄存到粮食银行，随时可以按市场价格兑换粮食及其他生活日用品。农户拥有粮食的所有权，使用权交付给粮食银行，由粮食银行统一进行粮食的仓储、加工以及粮食贸易等。

存取方式：存取时限以当年新粮收获上市后至第二年新粮收获上市的1年时间为一个跨度，凭"粮食银行存折"兑换成大米或其他商品，随存随取，随兑随换。

兑换标准：干谷（湿谷重量按干谷标准扣除多余水分湿度后折算）每100千克兑换65千克普通大米，在一年存取时限内兑换标准不变，兑换优质大米或其他商品以当日市场价格等价折算兑换。粮食的基准兑换折率原则上一年一订，遇特殊情况可适时调整。

网络信息化：开发建设"粮食银行"信息系统软件，实现网点与企业联网互通，实现动态监控、信息采集等功能。

风险防控：制定并执行"粮食银行"业务最低库存量标准，从"粮食银行"留存收益中提取一定比例大米作为风险准备金，专户管理，滚动使用。

勇于担当　促进产业扶贫

2016年6月，被认定高级新型职业农民后，赖金武不忘初心，善把科技和产业融合在一起，善领一方群众脱贫致富，因此他响应政府精准扶贫的政策号召，对全镇181户贫困户进行产业结对扶贫，经营种植富硒香米。他聘请有劳动能力的家庭成员到合作社从事人工补秧、施肥、除草等田间管理工作，可收益100元/天工资，或从事粮食搬运工作，有条件的中年贫困人员可以培训成为农业机械操作员，可收益200元/天的工资，有效地解决了贫困户的就业问题，增加了贫困户的家庭收入。他利用"古辣香米"休闲农业观光园，带领贫困户开发休闲农业（农家乐）、民宿等旅游景点，参与开发农业生产与科普教育基地，贫困户从中发展旅游、餐饮、住宿、农家产品销售等项目，并获得一定的收益，改善了生活水平。他引导和鼓励贫困户在稻田里养殖小龙虾，合作社邀请水产专家深入田头实地指导稻虾共作的沟渠改造、水草繁殖、虾苗放养、病害预防等技术，实施"两稻两虾"模式，实现小龙虾亩产达5 000元的可观收益。他引导贫困户加入"粮食银行"，把自有粮食存到粮食银行，降低了贫困户储粮成本，提高了贫困户种粮收益，存粮到粮食银行后，贫困户可以随时按需领取大米或兑换其他日用品，解决了贫困户的后顾之忧。他通过配合政府共同打造"古辣香米"农产品地理标志产品形成品牌，由此带动贫困户在"古辣香米"品牌效应的影响下，获得应有的品牌回报。

（来源：农业部农产品加工局，农业部农村社会事业发展中心组编. 首批全国农村创业创新优秀带头人典型案例汇编［M］. 北京：中国农业出版社，2017）

Q2 经济作物创业有哪些内容？有什么成功案例？

（2）经济作物创业 经济作物又称技术作物、工业原料作物，是指具有某种特定经济用途的农作物。广义的经济作物还包括蔬菜、瓜果、花卉等园艺作物。经济作物通常具有地域性强、经济价值高、技术要求高、商品率高等特点，对自然条件要求较严格，宜于集中进行专门化生产。经济作物按其用途可分为纤维作物（棉花、麻类、蚕桑等）、油料作物（花生、油菜、芝麻、大豆、向日葵等）、糖料作物（甜菜、甘蔗等）、饮料作物（茶叶、咖啡、可可等）、嗜好作物（烟叶等）、药用作物（人参、贝母等）、热带作物（橡胶、椰子、油棕、剑麻等）。按其所处温度带可分为热带经济作物、亚热带经济作物、温带经济作物。

案例 2

茶香中的匠人情怀：立足本土　创业本色

1996 年华安竹凉席热销国内外，敢闯敢拼的刘火城转行从事竹凉席生产，然而就在他的事业逐步走上轨道的时候，韩国一家公司失守信誉，拿走提货单，骗走两柜货，一夜之间刘火城负债累累。处在茫茫困境中的他并没有失去信心，而是下定决心要努力干出一番事业，对家乡乌龙茶有着深厚感情的刘火城回乡创办华城芳香茶厂，开始走种植、加工、经销一体化道路。说是茶厂，其实只是个拥有两三个人的家庭作坊。通过努力，积累成本，刘火城率先进行空调制茶工艺创新实验，这一创新，彻底地改变了夏暑制茶难题，他开始从农户那儿大量地收购茶叶，小作坊的生意渐渐有了起色。年轻的刘火城很快在当地茶产业中渐露头角。

1998 年的一场茶王赛，刘火城的茶品获得"茶王"桂冠，受到了茶叶泰斗张天福老先生的褒奖，并当场拍卖，最终以 50 克 1.2 万元成交！这次的成功，是个巨大的鼓舞。于是他下定决心，一定要把自己的茶厂做大做强。当时华安交通闭塞，茶农经济意识不强，虽然也有个别茶农将自家制作的茶叶拿到市场上销售，但是对于大多数外地人来说，华安铁观音，依然是深藏闺中人不知，偶尔有外地茶商前来收茶，价格卖得也不高。为了改变这种局面，他决定走出去。2000 年左右，刘火城带着自己精制的茶叶开始到厦门、泉州、广州、北京等地闯市场。

创立品牌　企业升级

2004 年，刚满而立之年的刘火城着手组建福建哈龙峰茶业有限公司，开拓市场、树立品牌，积极推行"公司＋基地＋农户"的现代农业综合发展模式，突出"生态、绿色、有机、健康"产品理念，依托3200亩"哈龙峰生态有机茶观园"，创建生态有机休闲观光茶叶基地，拥有8000多平方米标准化厂房的茶叶加工企业。如今的福建哈龙峰茶业有限公司，成了省级农业产业化重点龙头企业，哈龙峰茶产品更是获得了中国驰名商标、福建名牌产品等闪亮品牌，市场美誉度、认可度位居前列。

匠心精神　精制精品

刘火城说：我一直梦想着能把茶作为一种产业来发展，我的创业目标就是把茶做成产业，随着华安铁观音茶的发展，"哈龙峰"品牌也越来越被人们所熟知。走品牌化、规模化道路，弘扬传统工艺，建立生态茶观园，延伸茶文化产业链，成为当务之急。俗话说，巧妇难为无米之炊，再好的加工技术，如果没有优质的茶青，也难以制出精品茶来，而铁观音能否冲破市场"绿色关卡"，最根本的一条标准就是，是否具有绿色科技含金量。

从2006年开始，刘火城就致力于建设环境生态化、基地景观化、茶园标准化、管理精细化的有机生态茶观园，力求让消费者喝到放心茶、好茶。刘火城以匠心的精神，致力于精制精品。科学研究铁观音茶特点，从种植茶叶开始，到采茶、制茶的整个生产环节都按标准化严格把关，特别是在茶园有机化管理方面狠下功夫，突出生态保护、物理防治、生物防治，仅施用从内蒙古、宁夏购进的羊粪肥，引用山泉水灌溉，确保茶青品质安全。同时，加大产品自检力度，做到茶产品批批检验，让消费者喝上健康茶、放心茶、好茶。树立哈龙峰茶产品品牌权威形象。

刘火城大力发展有机产品以来，产品通过了中国、欧

盟、加拿大、日本等有机产品认证，年产量不断提升，销售量以年增长 10% 的速度发展。

农标示范　引领致富

刘火城创建的茶园基地于 2013 年 12 月被国标委确认为国家生态茶园建设综合标准化示范区，从种植管理、施农家肥、人工割草护土、山泉喷灌、生物防治和物理防治、生态林修护和种植等各个环节入手，全面按照生态有机茶园现代化管理进行配套建设和管理，并以基地为示范，引领周边茶农、茶叶生产者积极走茶园生态化建设路子，采用"公司＋基地＋农户"的模式，刘火城打造了一条有机产业链。为了让茶农彻底转变传统的种植观念，时常到他们家中制茶厂、田头实地茶园指导，手把手地教他们如何利用新技术科学种植。他把自己掌握的优质铁观音茶叶种植技术全部整理出来，再利用自身的优势义务办起了科学技术培训班。有时茶农遇到制茶生产上的难题便到茶农制茶厂和田间了解情况，寻找原因帮助解决，使农民获得了实实在在的利益。直接或间接地辐射了全县 16 万亩茶园基地，带动农户 8 680 户，与茶农共同把"铁观音"茶产业作为一种县域品牌进行自我打造、自我雕琢和自我提升，实现与广大茶农共同携手致富，通过示范推广，进一步带动了华安县生态茶园建设和茶产业可持续发展。

产业梦想　创客平台

刘火城的座右铭是"无论茶的苦涩甘甜，都永远是事业和追求"。如今他的目标就是把茶产业做大，做丰富，做美丽。要把茶基地做成茶文化体验园。所谓体验园，即从种植茶叶开始，到品茶赏茶整个过程，都做到可观、可赏、可感、可品、可玩、可乐、可思、可想，延伸茶文化产业链，从单纯的茶叶加工升级到一家集茶叶种植、加工、销售、科研、文化研究于一体，弘扬传播中国茶文化，在真正提升"哈龙峰"茶文化综合品牌的同时，营建高品质多功能的现代休闲生态茶文化创客平台，从而推动和促进提升华安铁观音特有区域品牌。

（来源：农业部农产品加工局，农业部农村社会事业发展中心组编. 首批全国农村创业创新优秀带头人典型案例汇编［M］. 北京：中国农业出版社，2017）

Q3 畜牧养殖创业有哪些内容？有什么成功案例？

畜牧养殖主要包括猪、羊、奶牛、马、驴、骡、骆驼等的饲养和放牧。

一般来说，养猪行业对饲料依附性大，猪的抗病能力差，对饲养技术要求相对较高。同时，社会对猪肉的需求量大，销售市场相对广阔，价格适中，对场所有一定的要求，可根据自身资金状况来决定建筑场房和饲养规模。

羊的饲养对饲料依附性相对较大，不同的品种需要有差别的饲养技术，销售市场相对较大；但对场所要求不高，饲养相对灵活，资金需求量相对较少，对于自然条件好、资金量少的有相对优势。

奶牛饲养对养殖技术、环境条件以及业主资金规模要求较高，但奶牛所产牛奶市场需求量较大，有一定的盈利空间，适应于环境条件相对较好和资金规模相对较大的业主。

马的饲养，对于人力管理成本较大，饲料成本相对较高，市场需求量也相对较少，所需资金规模较大。

案例 3

我和"乡林凤"的故事：他乡艰苦创业

陈建，1972年出生于信宜市镇隆镇德乔村，1995年到深圳创业，经过2年的锻炼，于1997年开始自己创办皮具厂，有工人30多人。他不怕困难、不怕辛苦、不懂就学，不断探索积累经验。2000年，他的皮具厂有工人150多人，产值达到1000多万元。2001年，皮具厂搬到广州，工厂规模扩大，工人达到220多人，年产值达到1500多万元。经历了10多年的创办工厂历程，他积累了较丰富的企业管理经验和社会阅历，开阔了知识视野，具备了良好的社会关系，为继续创业创造了良好的条件。

回乡创业，带领乡亲致富

信宜号称为"山地鸡养殖王国"，但只是单家独户饲养，产量低、产品劣、抗风险能力低，无法满足市场的需求，尤其是广东三大名鸡之一的"信宜怀乡鸡"市场需求甚大。陈建于2006年5月回到家乡信宜市与几位朋友合股创办广东盈富农业有限公司，注册资金1426万元，按照"公司＋基地＋农户＋餐饮＋电商平台配送"的经营模式，经营"信宜怀乡鸡"。2016年上半年仅电商销售额就达3000多万元，占公司销售额的30%。公司名下的"乡林凤怀乡鸡餐饮连锁品牌"目前已经在信宜市、茂名市、阳江市、江门市开了4家，另外有6家正在建设中。公司将各地的连锁餐厅作为就近发货的电商仓库，既保证了产品的新鲜，又缩短了发货的时间，还降低了物流成本。

在创办初期，由于刚刚接受农业企业的管理，不懂养殖技术，陈建采取"引进高校，走出去学"措施。他向信宜市畜牧局的专家请教、聘请国内知名专家做顾问，同时自己参加了上百期的养殖技术培训班，获得了工商管理和养殖管理的本科文凭，从工业的管理步入了农业的管理，又一次克服了创业的重重困难。经过多年的经营，公司先后在朱砂镇、丁堡镇创办了两个标准化示范养殖场。从 2008 年开始，公司同广东海洋大学建立了产学研合作关系，扩建"国家级怀乡鸡保种场"，年产鸡苗 1500 万羽。目前，公司的养殖示范基地年出栏肉鸡 120 多万只，加盟养殖户 850 多户，带动农户2200 多户，遍布信宜 10 多个镇。加盟签约的养殖户年出栏肉鸡 300 多万只，年产值超 2 亿元。企业的稳步发展，带动了信宜农民发展山地养鸡致富，增强了群众养殖怀乡鸡的决心和信心，再一次掀起养殖信宜怀乡鸡的热潮，为打造"信宜怀乡鸡"品牌，推动信宜山地鸡的发展作出了较大的贡献。

与党同心，积极参政议政

陈建作为企业的出资人，始终没有忘记自己是农民的儿子，他发挥自己作为信宜政协常委、广东省人大代表的优势，积极向党委、政府建言献策。许多意见建议受到政府的重视和采纳，为推动地方经济社会发展作出了应有的贡献。

承担社会责任，积极参加社会公益活动

2010 年 9 月 21 日，受"凡亚比"台风影响，信宜市受灾严重。陈建召开紧急会议，要求公司所有工作人员不等不靠，立即组织人员抢修复产，把公司损失减至最低；动员公司工作人员捐款捐物，于 9 月 25 日将价值 2 万多元的棉被、食品送往灾区。灾后复产时，陈建带头捐资帮助白马村养殖

大户李大胜修建鸡舍、建立示范场；公司还捐赠价值10万元的"信宜怀乡鸡"23 000只给灾区，在钱排镇白马村建设"信宜怀乡鸡"示范片，以带动灾区迅速恢复养鸡业生产，给灾区养鸡复产示范，使灾区人民迅速走上生产自救、生产致富之路。他积极参与扶贫工作，主动承担帮扶贫困户，先后为信宜100多个贫困户送去价值30多万元的鸡苗和饲料，帮助他们走上勤劳致富之路。他通过"公司＋农户"的运作模式，带动帮扶村1 100多户养殖大户饲养怀乡鸡，年出栏肉鸡达400多万羽。由于产品品牌化运作，按目前每只商品鸡盈利5元来计算，400万羽肉鸡可新增收入2 000万元；每一只鸡上市前产鸡蛋5枚，每一枚鸡蛋按1元结算，400万羽鸡产蛋可新增收入2 000万元。

制定了盈富"五合一"新的养殖模式

"公司＋农户"产供销一体化的方式将农民组织起来，是促进农民增收致富的模式。公司根据实际情况，研讨出"五合一"农业产业化发展新模式，即：由龙头企业、养鸡合作社、银行、农业保险机构和政府监督部门组成的5个主体进行充分业务合作。其中，龙头企业是产品生产、流通的枢纽，养殖户是直接的生产者，合作社是提高农民组织化程度的基本生产单元和贷款的主体，银行是贷款的发放者和存款的回收者，农业保险机构则为养鸡合作社的生产过程提供系统风险的规避。该模式不仅解决了农民贷款难的问题，保证了农户的养殖效益，还降低了银行信贷风险，再一次为农民持续增收、新农村建设提供了有效途径。

（来源：农业部农产品加工局，农业部农村社会事业发展中心组编. 首批全国农村创业创新优秀带头人典型案例汇编［M］. 北京：中国农业出版社，2017）

Q4 服务业创业有哪些内容？有什么成功案例？

就我国而言，国家统计局在《三次产业规划规定》中将三次产业划分为：第一产业是指农、林、牧、渔业；第二产业是指采矿业，制造业，电力、燃气及水的生产和供应业，建筑业；第三产业即服务业，包括交通运输、仓储和邮政业，信息传输、计算机服务和软件业，批发和零售业，住宿和餐饮业，金融业，房地产业，租赁和商务服务业，科学研究、技术服务和地质勘查业，水利、环境和公共设施管理业，居民服务和其他服务业，教育，卫生、社会保障和社会福利业，文化、体育和娱乐业，公共管理和社会组织及国际组织提供的服务共 14 类。

就我国农民服务业就业取向来看，他们所从事的服务业主要有五大类。第一类是以提供劳力服务为主，如家政服务、货物搬运服务、净菜中心等；第二类是以提供技术服务为主，如教育培训、交通运输、医疗卫生服务、茶艺服务、农机农技服务等；第三类是以提供信息咨询服务为主，如信息咨询与中介服务、农产品销售经纪等；第四类是以提供住宿餐饮服务为主，如酒店餐饮、农家乐、观光休闲农业；第五类是其他涉农综合服务，如农村社区综合服务、农村生产生活合作经济组织等。

案例 4

创新农业的领头羊：服从安排自主创业

庄辉出生于贵溪市河潭镇一个普通工人家庭，是家里的独生子。但父母对他管教依然严格，鼓励他做一个有诚信的好人，父母的教育给庄辉的人生、事业奠定了良好的基础。

1999 年大学毕业后，他去过上海、浙江、江苏南京打工，每到一处深受老板、同事好评，工资待遇都很可观！但因父母就他一个孩子，希望庄辉回到身边。2001 年，他回到贵溪市商业局盐政办公室工作，在职期间他认真工作，每次都能很好地完成领导交代的任务，很快担任了公司稽查大队大队长一职，成为公司中层管理人员，随后光荣地加入了中国共产党。2004 年国企改制，庄辉作为一名党员，响应党的号召，第一个不给国家增加负担，主动与单位签订下岗合同，去外省创业，赚到了人生第一桶金 7.4 万元。庄辉始终热爱自己的家乡，他经多方考察，2005 年年底决定加入餐饮行列，成立了 0701 大酒店湘菜馆，总投资 95 万元。酒店在庄辉的精心管理下，几个月后便收回了所有投资。2006 年 10 月，他又开了第二家分店——0701 大酒店农家菜馆。2008 年 8 月，0701 大酒店铜都九号也随之开张。

做好人好事　树行业新风

庄辉经常为社会做好事。2009 年冬的一天，庄辉开车在回家的路上，遇见一名自己骑车摔成重伤的妇女，立即过去将伤者抱上了自己的车，和同事将伤者送往医院抢救，由于抢救及时，使伤者脱离了生命危险。

同时，他还十分关心员工生活，无论哪位员工发生了困难，都会把温暖及时送达。他热爱公益事业，积极回报社会，他名下的企业前后解决了 40 多名下岗职工再就业和 500 余名当地老百姓就地务工问题。2006 年至今，他共资助 6 名贫困大学生顺利完成大学学业。汶川地震后，他在第一时间捐款捐物 2 万多元，并积极组织酒店员工捐款捐物，用自己的爱心善举奏响了一曲扶贫助困、关爱他人的奉献之歌。

立足现实　展望未来

2011 年 12 月，他成立了贵溪市环鄱湖农业发展有限公司，公司依托白岩水库库区的自然风景，打造集蔬菜种植、采摘、休闲旅游为一体的现代休闲农场和 0701 山水田园农场，并规划建设 0701 山水田园农场旅游度假区。度假区的成立，填补了鹰潭市没有大型水上休闲项目的空白，既能给当地农民提供致富增收的渠道，又能为鹰潭市打造出一张具有独特意义的"现代休闲旅游生态牌"。

（来源：农业部农产品加工局，农业部农村社会事业发展中心组编. 首批全国农村创业创新优秀带头人典型案例汇编［M］. 北京：中国农业出版社，2017）

Q5 农产品加工业创业有哪些内容？有什么成功案例？

农产品加工业是以人工生产的农业物料和野生动植物资源为原料进行工业生产活动的总和。广义的农产品加工业，是指以人工生产的农业物料和野生动植物资源及其加工品为原料所进行的工业生产活动。狭义的农产品加工业，是指以农、林、牧、渔产品及其加工品为原料所进行的工业生产活动。包括全部以农副产品为原料的，如粮油加工、制糖、卷烟、酿酒、乳畜品加工等；

大部分以农副产品为原料的，如纺织、造纸、香料、皮革等，以及部分依赖农副产品为原料的，如生物制药、文化用品等。

案例 5

返乡创业只为一块健康豆腐：小买卖做成大产业

2005 年 9 月，卜睿考取了长春大学电子信息工程学院。作为家里的独苗、祖辈以来的第一名大学生，承载着全家人的希望和重托。能够留在城市里有一份安稳的工作是卜睿父母对她的唯一渴望和期盼。然而，2009 年卜睿毕业后不顾家人的强烈反对，回到家乡的小作坊做起了豆腐。20 岁出头，风华正茂的年纪，却为了一块健康豆腐，在小作坊里日夜忙碌着。每天不辞辛苦地磨着豆腐，细嫩的小手上也磨出了老茧，每天在别人进入梦乡的时候，都能看到卜睿和家人在昏暗的灯光下忙碌着。

卜睿每天早上伴着月亮走，晚上顶着星星归，午夜拥着疲惫睡，短短一个月的时间，体重就掉了 20 斤。经过卜睿的不懈努力，她的豆制品产业从最初只有 30 平方米的小作坊，已发展为现在占地面积 4000 平方米的昌睿食品有限公司；从单一低端的产品，发展到现在已有 20 余种单品；从最初早市小市场，发展到现在多元化的市场，并与多家院校合作，产品进驻省内多家大型超市，并注册了“卜家”品牌，获得全国 QS 质量认证。“卜家豆腐”是长春市唯一一家采用传统手工工艺制作，通过 QS 质量认证的豆制品企业。公司自成立以来，累计解决农村剩余劳动力 120 余人，工人每人平均年收入 3.5 万元。

卜睿在回到家乡的第五个年头，看到家乡的发展还很缓慢、村里大学生和年轻劳动力都外出务工、村子还是贫困村，一种要带领乡亲脱贫致富的使命感油然而生。于是，卜睿决定带领乡亲们发展生态养殖业，饲养黑猪和土鸡，打造胡家村特色品种及品牌。采用"公司＋合作社＋基地＋农户"的生产经营模式，扶持典型户，帮助贫困户。同时利用现代互联网平台，一枚小小的土鸡蛋，从乡村卖到了远在千里万里的顾客手中，这是之前乡亲们想都不敢想的事情。她也希望利用村里的好项目，吸引在外务工的青壮年返乡创业，增收致富，共建家乡。

微联盟带动共发展

2015 年 4 月，抱着"自我提升、互助共赢、抱团发展、帮助他人"的共同愿望，在长春市妇联的帮助下，在全国妇联副主席宋秀岩的见证下，由卜睿发起成立"长春市女大学生返乡创业联盟"。联盟成员都是对农村充满热爱、致力于农业发展的女大学生，平均年龄 29 岁。联盟有幸得到中央政治局委员、国务院副总理刘延东的批示，要求"总结推广此经验，支持扶持女大学生自主创业"。省委书记巴音朝鲁，省委常委、长春市委书记王君正也先后做出批示。

联盟成立以来为成员举办了 20 余次有针对性的学习培训，并开发了"N+1 私董会"模式探索互助成长的新路子，先后为 15 人争取到清华大学、北京大学、义乌电商培训等外出学习机会，有效提高了联盟成员创业素质。在联盟的旗帜下，诞生了一批具有人格魅力的农产品品牌，如"豆腐西施""蘑菇皇后""孔雀公主""辣椒姐姐"等。

随着联盟的发展，联盟内成员也开始了投融资合作，延长产业链条，降低个人创业风险，实现联盟内部的知识互通、产品互通和渠道互通。同时搭建创业平台，帮助有创业意愿的大学生在创业路上少走弯路，已帮助 27 名大学生实现返乡创业。同时希望联盟能够作为连接城市和乡村的枢纽，用新知识、新技术和新模式，帮助和引领村民生产优质安全农产品，作为"供给侧"贡献自己的一份力量。

献爱心回馈全社会

卜睿虽没有显赫的身份背景，但是有一份强烈的社会责任感，她希望通过自己的努力，带动身边的农民增收，同时为消费者送去一份安全食品。在致力于企业发展的同时，卜睿还积极投身社会公益事业。当玉树地震发生时，卜睿毫不犹豫地为玉树同胞们举办赈灾义卖活动，把全天的营业额全部捐给玉树同胞；当40年不遇的最强台风"威马逊"席卷海南时，让很多拿到大学录取通知书的准大学生无钱上学，卜睿又马上发起倡议并捐款，让这些准大学生们有学可上，如期走入大学校门；当在微信上看到同族人身患白血病急需救治时，虽然与其从未谋面，但卜睿还是立刻将捐款打到对方的账户上，希望自己的一点微薄之力，能助患者早日康复。不仅如此，她还经常主动帮助身边的人，无论谁遇到困难，卜睿都主动给予帮助，她常说，自己的一点付出，能够为他人提供方便，让他人生活更幸福，便都是值得的。

荣誉代表的是过去，面对越来越多的荣耀光环，卜睿不会就此搁置最初的创业梦想。励志照亮人生，创业改变命运，卜睿还会继续在创业路上求索，为更多的人解决就业问题，成就更多人创业致富的梦想，用智慧和汗水书写出青春最美的华章。

（来源：农业部农产品加工局，农业部农村社会事业发展中心组编. 首批全国农村创业创新优秀带头人典型案例汇编 [M]. 北京：中国农业出版社，2017）

参考文献

［1］蔡啟明，刘益平. 创业管理［M］. 北京：机械工程出版社，2016.

［2］常秀坤，徐乃香. 农村创业与项目选择［M］. 北京：高等教育出版社，2011.

［3］成杰. 永不放弃：马云写给创业者的24堂课［M］. 北京：中国华侨出版社，2011.

［4］杜遥，王秋芬，张文林. 新型职业农业创业指导手册［M］北京：中国农业科学技术出版社，2016.

［5］郭晓宏，段秀红，陈浩. 从0到1学创业［M］. 天津：天津科学技术出版社，2016.

［6］何建湘. 创业者实战手册［M］. 北京：中国人民大学出版社，2005.

［7］吉文林，金爱国，唐现文，等. 农业创业八步走——农业创业培训教程［M］. 南京：东南大学出版社，2014.

［8］纪绍勤，文承辉. 新型职业农民典型风采［M］. 北京：中国农业出版社，2015.

［9］靳伟，李秀枝，成守敏. 新型职业农业创业培训教材［M］北京：中国农业科学技术出版社，2015.

［10］刘金辉，吴昊，张蕊，等. 创业准备［M］. 北京：中国劳动社会保障出版社，2011

［11］刘云海. 新型职业农业创业实务教程［M］. 北京：中国农业出版社，2015.

［12］布鲁斯R・巴林杰. 创业计划书：从创意到方案［M］. 陈忠卫

等译. 北京：机械工业出版社，2016.

［13］农业部农村社会事业发展中心，国务院发展研究中心中国农村
劳动力资源开发研究会，贵州省遵义市汇川区人民政府. 重返
绿色田野　创造事业辉煌——2016 汇川农民工返乡创业论文集
［M］. 北京：中国农业出版社，2016.

［14］人力资源和社会保障部职业能力建设司，中国就业培训技术指
导中心. 创办你的企业创业计划书［M］. 北京：中国劳动社会
保障出版社，2017

［15］斯晓夫，吴晓波，陈凌，等. 创业管理理论与实践［M］. 杭州：
浙江大学出版社，2016.

［16］宋发旺，尹文武，姜辉. 现代农业创业［M］. 北京：中国农业
科学技术出版社，2017.

［17］田宇，罗涛，陈建兰. 金字塔底层创业：城市外来工创业调查
［M］. 北京：中国经济出版社，2017.

［18］王学平，顾新颖，曹祥斌 新型职业农业创业培训教程［M］. 北京：
中国林业出版社，2016.

［19］谢森任. 马化腾谈创业与管理［M］. 深圳：海天出版社，2011.

［20］谢志远，陈家斋. 现代农业与农业创业指导［M］. 杭州：浙江
科学技术出版社，2015.

［21］刑丹英，郝勇. 农业创业知识 100 问［M］. 北京：中国农业出
版社，2015.

［22］杨轩. 创业时，不可不知的细节［M］. 杭州：浙江大学出版
社，2017.

［23］农业部农产品加工局，农业部农村社会事业发展中心组编. 首
批全国农村创业创新优秀带头人典型案例汇编［M］. 北京：中
国农业出版社，2017.